FREDRIK SJÖBERG

Vom Aufhören

FREDRIK SJÖBERG

Vom Aufhören

Über die Flüchtigkeit des Ruhms und den Umgang mit dem Scheitern

Aus dem Schwedischen
von Paul Berf

Galiani Berlin

Zum Bildteil

Wir haben uns bemüht, sämtliche Rechteinhaber dieses Buches
ausfindig zu machen und ihre Erlaubnis einzuholen. Sollte
jemand nicht berücksichtigt worden sein – bitte melden Sie
sich ggf. beim Verlag. Gern hätten wir auch einige Bilder
Olof Ågrens gezeigt. Leider war uns eine Einigung mit seinen
Nachfahren nicht möglich. Wir verweisen auf das Internet,
in dem zahlreiche seiner Bilder zu sehen sind.

Verlag Kiepenheuer & Witsch, FSC® N001512

1. Auflage 2018

Titel der Originalausgabe: Ge upp i dag –
i morgon kan det vara för sent
© Fredrik Sjöberg 2013
Aus dem Schwedischen von Paul Berf
Verlag Galiani Berlin
© 2018, Verlag Kiepenheuer & Witsch, Köln
Umschlaggestaltung Manja Hellpap und Lisa Neuhalfen, Berlin
Autorenfoto © Paula Tranströmer
Lektorat Magdalena Sporkmann | Wolfgang Hörner
Gesetzt aus der Mrs Eaves und
der Mrs Eaves XL Serif von Zuzana Licko
Satz Buch-Werkstatt GmbH, Bad Aibling
Druck und Bindung CPI books GmbH, Leck
ISBN 978-3-86971-158-4

Weitere Informationen zu unserem Programm finden Sie unter
www.galiani.de

Es gab etwas, das ich verstehen und erzählen wollte, wenngleich nicht zwingend in dieser Reihenfolge.

1

Ich begehrte nur eins, frei zu sein. Finanziell unabhängig, um frei zu sein, dorthin zu gehen, wohin es mich zog, und zu tun, wonach mir der Sinn stand. Und so kam es am Ende auch. Verflucht harte Arbeit und sagenhaftes Glück waren dazu erforderlich, aber es gelang, nach vielen Jahren. Und so stand ich schließlich auf der Bühne, im zielsicheren Lichtkegel aus Anerkennung des Beleuchters. Und das Leben gestaltete sich leichter da oben, dies zu leugnen, wäre einfach nur dumm. Trotzdem drängte sich mir immer stärker der Gedanke auf, zur rechten Zeit beiseitezutreten und aufzuhören. Keine Schulden mehr und genügend Brennholz im Wald. Ich würde schon zurechtkommen. Doch aufzuhören ist eine Kunst, merkte ich. Es blieb noch eine Erzählung zu schreiben. Aus der Ferne betrachtet schien mir die Geschichte von zwei, heute vergessenen, Malern zu handeln. Zwei Spiegel, fürchte ich. Das zu leugnen wäre ebenfalls einfach nur dumm.

2

Mit Olof Ågren verhielt es sich wie folgt. Eine Legende. Schon lange vor seiner ersten Einzelausstellung im Oktober 1933 in der Galerie Moderne am Nybroplan in Stockholm war er der Verschwundene, der Mann, von dem andere erzählten, eine lebende Legende, bereits in jungen Jahren. Und nun wollten die Lobeshymnen überhaupt kein Ende mehr nehmen. Die Vernissage wurde zu einem Triumph. Die Kritiken waren glänzend, die Gemälde verkauften sich und Ågren stand im Rampenlicht. Ein sechzigjähriger Misanthrop. Selbst die Schwedisch-Französische Kunstgalerie versuchte, ihn in ihren Kreis zu locken, was damals der Königsweg zu anhaltendem Erfolg beim hasenfüßigen Kunstpublikum war. Die Wanderjahre waren vorbei und die Früchte reif, geerntet zu werden.

3

Und dann passierte es. Olof Ågren hieß alle, sich gefälligst zum Teufel zu scheren, hörte auf zu malen und ging seines Weges. Fort. Er erwarb einen unrentablen Kleinbauernhof auf steinigem Grund in Flivik, Misterhult, Småland, und verbrachte dort den Rest seines sehr langen Lebens als ein nach allen weltlichen Maßstäben gescheiterter Bauer. Er gab sich wirklich größte Mühe, in Vergessenheit zu geraten. Sicher, er hatte immer schon sehr zurückgezogen gehaust, jahrelang hatte er buchstäblich isoliert in einem primitiven Holzhäuschen auf dem Felseneiland Krokholmen, oben bei Arholma in den Schären nördlich von Stockholm, gelebt, aber damals malte er wenigstens, genau wie später, in den zwanziger Jahren, als er sich durch Südeuropa treiben ließ. Doch damit war nun Schluss. Der Rest sind Kartoffeln. Und

Kühe. Er heiratete sogar; das hätte nun wirklich niemand für möglich gehalten. Und die Legenden bekamen Flügel, während die Sammler sich um jene Kunstwerke balgten, die nicht verloren gegangen waren. Danach – nichts mehr. Als Ågren in den sechziger Jahren zu seinen Ahnen ging, zeitgleich zu Andy Warhols erstem Porträt von Elvis Presley, schien man sich vor allem zu wundern, dass er bis eben noch gelebt hatte. Eine Retrospektive zu seinem Andenken, 1974 in Prinz Eugens Waldemarsudde, hundert Jahre nach der Geburt des Künstlers, blieb weitestgehend unbeachtet. Jahrzehnte später kreuzte er meine Spur.

4

Man nennt sie meist Solitäre und Einzelgänger; Eigenbrötler und Sonderlinge. Maler, die ihren eigenen Weg gehen, so frei wie die Vögel, gefeiert, ohne darauf etwas zu geben, aber so ist es in Wahrheit, wenn überhaupt, nur selten. Nur ein Ehrentitel, ausgesprochen, wenn die Worte fehlen, und wohl in erster Linie geeignet, etwas Dumpferes, Schwereres zu übertünchen: Zwang, Zweifel und Einsamkeit. Niemand geht seinen eigenen Weg. Niemand. Und gerade deshalb verlieren Legenden wie die von Kaspar Hauser niemals ihre Faszination, genau wie die Geschichten von wiedergefundenen Dschungelkindern, die glühende Augen haben, aber nicht sprechen können. Sie erzählen von einer Freiheit, die im Grunde ein Gefängnis ist. Der Solitär war ein Vogel ohne Flügel, und die Stilrichtungen der Malerei sind Sprachen wie alle anderen auch. Unfreiheit und Konventionen, von Anfang bis Ende. Begrenzungen. Gott sei Dank.

5

Ich weiß so gut wie nichts. Am Anfang wusste ich einiges, aber das ist lange her. Das Einzige, was heute noch wächst, ist das Unwissen, und es hilft mir nicht, dass ich versuche, mich im Spiel zu halten, indem ich unbedeutende Menschen und andere Einzelheiten genauestens unter die Lupe nehme. Im Grunde macht das alles nur noch schlimmer. Sehr wenig über etwas Großes zu wissen, ist immerhin noch erträglich. Am schlimmsten ist der Verdacht, dass ich inzwischen nicht einmal sonderlich viel über mich selbst weiß: wonach ich suche, oder warum. An manchen Tagen, in kurzen Momenten, kenne ich den Grund, aber das führt lediglich dazu, dass ich nachts schlecht schlafe. Mich bloß wegwünsche.

6

Wir wollen uns hier nicht in die komplizierten Verwicklungen der französischen Religionskriege im 16. Jahrhundert vertiefen, nur erwähnen, dass die Kämpfe Ende des 17. Jahrhunderts erneut aufflammten, woraufhin zahlreiche Hugenotten Frankreich für immer verließen und eine Gruppe dieser Flüchtlinge beschloss, die damals unbewohnte Insel Rodrigues mitten im Indischen Ozean zu besiedeln; aber aus irgendeinem Grund war man bei der Rekrutierung vor dem Kolonisationsversuch wenig erfolgreich; die Siedler waren nur zu zehnt, alles Männer. Ich stelle mir vor, dass man sehr religiös sein muss, um eine solche Aufgabe zu meistern. Wie nicht anders zu erwarten, wurden sie die Sache schnell leid, bauten sich schon zwei Jahre später ein Floß und paddelten davon. Man darf wohl annehmen, auf der Suche nach Frauen. Auch darein wollen wir uns nicht weiter vertiefen, nur festhalten, dass diese vom Winde verwehten Hugenotten in der Zwischenzeit zumindest eine interessante Entdeckung gemacht hatten: einen Vogel. Auf Rodrigues fanden sie einen Vogel, dem sie den Namen Solitär gaben. Groß und schwer und mit verkümmerten Flügeln, ähnlich wie der Dodo auf Mauritius, und genau wie dieser sollte auch der Solitär bedauerlicherweise aussterben. Es gibt ihn nicht mehr. Auf einmal fällt mir Björn von Rosens Gedicht über den Tod des letzten Solitärs ein, in seinem Buch *Bestiarium*, das er zusammen mit Harry Martinson schrieb, einfach so zum Spaß. Vor allem die letzte Strophe tauchte aus den Tiefen meines Gedächtnisses auf. »Spatzen gibts in jeder Hemisphäre. Krähen gibts, doch keine Solitäre.«

7

Olof Casimir Ågren wurde 1874 in Alsen im nordschwedischen Jämtland geboren. Er wuchs unweit seines Ge-
burtsorts in einem kargen Elternhaus in Häste auf der
Insel Rödön auf, wo der Vater, der ein Soldat der Reserve
war, nach bestem Wissen und Gewissen ein Stück Land
bestellte. Über Ågrens Kindheit und Jugend ist kaum etwas bekannt, außer dass es einen ersten Freundeskreis
gab – den Diskussionsclub *Still,* eine Gruppe radikaler
Bauernsöhne auf Rödön, vier Jungen Anfang der 1890er
Jahre. Wie eine Garage-Rock-Band. Sie trafen sich an
den Wochenenden und sprachen über Literatur, Kunst
und Politik. Außer Ågren bestand die Gruppe aus Olof Alström, Lars Larsson und Anders Kilian. Heute sind sie
alle vergessen. Ich erwähne sie trotzdem, weil sie Ågrens
Nährboden waren. Alström wurde Journalist und war
später ein streitbarer Gegner der Nazis, jahrzehntelang
Chefredakteur der *Sundsvall Tidning;* Larsson wurde Bauer
und Dichter, berühmt in seiner Gegend, während Kilian
später landwirtschaftspolitische Erweckungsschriften
veröffentlichte, so dick wie Heuballen.

8

Anders Kilian war ein Befürworter des Georgismus, einer von dem amerikanischen Ökonomen Henry George
(1839–1897) erdachten politischen Philosophie, deren
Grundgedanke darin besteht, dass das private Eigen-

tumsrecht alles umfassen sollte, was ein Mensch erzeugt, jedoch nicht das Land und andere natürliche Ressourcen. Die Ideen des Georgismus, dass der Staat den Grund besitzen muss – die Wälder, die Gruben, die Flüsse, einfach alles –, alternativ solche Ressourcen und nichts anderes besteuern sollte, konnten sich nie wirklich durchsetzen, obwohl zumindest die Deutschen versuchten, sie in vollem Umfang zu verwirklichen, allerdings in gebührendem Abstand, in einer der kurzlebigen Kolonien des Deutschen Reichs, im chinesischen Kiautschou, vor dem Ersten Weltkrieg. Erst heute sind Gedanken dieser Art wieder auf dem Vormarsch, als Teil der grünen Ideologien unserer Zeit. Die Jahre um die vorige Jahrhundertwende waren ein politischer Flohmarkt. Man findet praktisch alles. Und schon bald schwärmte auch die Malerei in alle Richtungen aus, wie Flugameisen.

9

Warum Olof Ågren beschloss, Künstler zu werden, weiß keiner. Die Voraussetzungen dafür waren offenbar vorhanden, eine bessere Erklärung gibt es nicht. Ein eigensinniges Kind, das lieber zeichnete als redete. Vielleicht existierte in der Familie auch eine gewisse Neigung, zu neuen Ufern aufzubrechen; ein Bruder mit Geschäftssinn sollte später ein Herrenbekleidungsgeschäft in Östersund eröffnen und eine seiner Schwestern war lange als Krankengymnastin in Amerika tätig, was den Blick dafür schärft, dass die schwedischen Kleinbauernhöfe gegen Ende des 19. Jahrhunderts, als der Hunger der Notjahre noch in frischer Erinnerung war, manchmal kaum mehr hervorbrachten als Flüchtlinge. Umtriebige, aber bitterarme junge Leute, die andernorts alles zu gewinnen hatten, und sei es auf der anderen Seite des Erdballs. Außerdem hatte Ågren alle Zeit der Welt, sich für etwas Großes zu entscheiden, als er unter Diphterie litt, einer fürchterlichen Krankheit, die heute praktisch nicht mehr existiert, in den neunziger Jahren des 19. Jahrhunderts jedoch noch in einem von zehn Fällen tödlich endete, nämlich durch Ersticken. Er erzählte nicht viel darüber, erwähnte lediglich, er habe in seiner Jugend lange unter Diphterie gelitten. Die Erinnerung war verblasst.

10

Für mich lag jede solche Verheißung etwas näher, und deshalb möchte ich gern glauben, dass auch er sich so entschied. Möchte, wohlgemerkt. Wissen tue ich es nicht. Wenn ich nur wieder gesund werde! Ich stand kurz davor, zu Hause auszuziehen, und obwohl meine Krankheit nicht tödlich war, gab es keinen anderen Weg zur Heilung, als in Ruhe zu warten, im Haus, monatelang. Totale Tristesse. Nie bin ich in meiner Fantasie so lange durch Wälder gewandert wie in jenem Herbst, nie kochte ich so viel Kaffee über offenem Feuer in unwegsamem Gelände. Einsam und frei, aber vor allem gesund. Und obwohl der Rucksack, den ich mir damals

als eine Beschwörung zulegte, die meiste Zeit unbenutzt blieb, lebte die Erinnerung an die Verheißung zu gehen und sich allein darüber schon zu freuen, noch lange intensiv weiter in mir. Bis heute beginne ich jeden Morgen damit, gesund zu sein, sonst nichts, und damit, dass es mir freisteht zu gehen, außerdem interessierte ich mich so gut wie gar nicht für den Wahnsinn, seinen Wert als Erklärung, sobald das Thema Kunst angeschnitten wurde. Nietzsche, Hill, van Gogh. Wie die Geschichte endet, ist bloß das, woran man sich am ehesten erinnert. Der Einfluss der Krankheit für den Anfang, den eigentlichen Entschluss, eine bestimmte Bahn einzuschlagen, wird häufig unterschätzt.

11

Mich wundert zudem, dass jemand seinen Sohn Casimir taufen lässt. Vielleicht kursierte der Name in der Familie. Der einzige Kandidat, der mir als ein würdiges Vorbild einfällt, ist der unglückselige Johan Casimir Vasa (1609–1672), vor dessen imposantem Grab ich einmal in Saint-Germain-des-Prés in Paris stand. Mit einem gewissen Erstaunen las ich die Inschrift im Stein, das Wenige, was ich von ihr begriff, und erfuhr, dass hier die edleren Teile von Casimir, König von Polen und Schweden, dem letzten aus dem Geschlecht Vasa, ruhen. Das konnte ja wohl nicht stimmen, oder? Aber es stimmte. Er war der Sohn Sigismunds, der nachweislich König von Schweden gewesen war. Nach zahllosen Abenteuern in seiner Jugend, darunter eine Gefangenschaft in Frankreich und diverse Intrigen, die damit endeten, dass der Papst ihn zum Kardinal ernannte, wurde Casimir in seinem Heimatland Polen schließlich König. Es lief nicht besonders gut. Nach Karl Gustav X. sinnlosem Krieg gegen die Polen in den fünfziger Jahren des 17. Jahrhunderts zwang man ihn, jeglichen Ansprüchen auf die schwedische Krone zu entsagen. Den Titel durfte er allerdings behalten. Casimir, König von Schweden. Immerhin ist Gustav Vasa sein Urgroßvater gewesen. Später verlor er dann auch noch die polnische Krone und ließ sich am Ende als Abt in Paris nieder, wo er, so heißt es, eine formidable Balance zwischen Andachtsübungen und weltlicheren Vergnügungen fand. Nur ein paar Tage vor seinem Tod heiratete er eine Frau namens Marie Mignot, die in den Annalen als Abenteuerin tituliert wird und deren Vorliebe für ältere, sehr vermögende Männer ein glänzendes Geschäft für sie war. Die edleren Teile; was damit gemeint war, erschloss sich mir nicht, aber ein Spezialist für die sterblichen Überreste Casimirs hat mir später erzählt, dass der Sarkophag in Saint Germain nur sein Herz enthält. Der Rest soll in Nevers in der Bourgogne liegen, wo er starb.

12

Ich mietete ein Auto in Östersund und fuhr einmal um den See Storsjön herum. Keiner begriff warum. Es dauerte einen ganzen Tag. Wenn man um unbekannte Seen und Inseln herumfahren oder -gehen kann, dann tue ich es, oder versuche es zumindest, wie ein Kaufinteressent. Im Übrigen wusste ich auch nicht recht, wonach ich suchen sollte, außer nach Ågrens Elternhaus und dem Hof auf Rödön, wo er aufwuchs. Es war der schönste Tag in jenem Herbst, einer der ersten Septembertage. Sommerlich warm und still unter einem wolkenlosen Himmel, der von prasselnden Libellen nur so wimmelte. Ich sah die Häuser entlang der Straße, Landstraße 666, genau wie den See aus allen Himmelsrichtungen. Der Glückstreffer war eine Erhebung, ziemlich hoch, deren Kuppe ich über einen steil ansteigenden Wanderweg durch den Wald erreichte, der hinter dem Haus in Alsen begann, in dem Ågren geboren wurde. Honingsberget. Man kann ja nicht den ganzen Tag immer nur im Auto sitzen. Nicht bei diesem Wetter. Den gleichen Pfad ging er als Kind, dachte ich, und betrachtete die krakeligen Felszeichnungen am Glösabäcken, Elche darstellend, 4000 Jahre alt, die seit ihrer Entdeckung im 17. Jahrhundert Gegenstand eines langwierigen Wettratens über den Aberglauben der Steinzeitmenschen gewesen sind.

13

Vom Scheitelpunkt der Anhöhe aus sieht man sieben Kirchtürme. Auch die Berge des Oviksfjäll, violett in weiter Ferne, gerade so wie in einem seiner frühesten Gemälde. Das Ganze war wirklich sagenhaft schön, und es gab dort noch mehr Libellen, die mich an das Phänomen der Gipfelbalz erinnerten, denn ich wusste wirklich nicht, was ich dort zu suchen hatte. Das etwas lustlose Wort Gipfelbalz bezeichnet ein Verhalten, unter Entomologen wohlbekannt, das darin besteht, dass Schmetterlinge und andere Insekten Erhebungen und Hügel in flachem Terrain aufsuchen, an denen sich die Männchen einen Kampf um das beste Revier liefern, und zwar auf dem Gipfel, ähnlich wie kleine Jungen auf einer Schneehalde, woraufhin die Weibchen eintreffen und sich vom Besten befruchten lassen. Die Natur taugt als Vorbild nicht besonders, aber auf dem Weg nach unten leistete mir immerhin ein Unglückshäher Gesellschaft, der netteste Vogel der schwedischen Fauna. Neugierig, furchtlos und von Mythen umweht.

14

Der erste Zwischenhalt auf seinem Weg in die Welt hinaus führte ihn als Lehrling zu einer Malerfirma in Östersund; Künstler in spe, die von unten kamen, fingen damals oft so an, als Anstreicher. Anschließend ging es nach Stockholm. Ågren studierte zwei Jahre an der Technischen Schule, die heute Hochschule für Kunst und Design heißt. Möglicherweise hatte er den Ehrgeiz, Architekt zu werden, wurde dann aber 1898 an der Königlichen Kunstakademie angenommen, wo er bis 1903 eingeschrieben war. Ein erhalten gebliebener Brief an Gustaf Cederström, einen seiner Lehrer, deutet allerdings an, dass er länger hätte bleiben sollen. Er ist auf Februar 1904 datiert, und zu diesem Zeitpunkt hielt Ågren sich offenbar wieder in Jämtland auf. »Ich darf hiermit ehrerbietig mitteilen, dass ich wohl nicht die Möglichkeit bekommen werde, anzureisen, um in diesem Semester in den Genuss von Unterricht an der Akademie zu kommen, stattdessen muss ich aus finanziellen Gründen leider bis auf weiteres hierbleiben und arbeiten, so gut ich kann, ohne Anleitung.« Der Brief ist eine Bittschrift an Cederström (der seit seinem Durchbruch mit *Heimfahrt der Leiche Karl XII.* (1878) der meistgefeierte Historienmaler des Landes war), dem Elementarlehrwerk in Östersund zu schreiben und Ågren für eine Ausstellung dort zu empfehlen. »Ich bitte vielmals um Entschuldigung dafür, die kostbare Zeit des Herrn Baron in Anspruch zu nehmen, aber ich weiß wirklich niemanden, an den ich mich sonst wenden könnte, da der Herr Baron der Einzige an der Akademie ist, der mir mit etwas Wohlwollen begegnet ist.«

15

Die anderen Lehrer hatten dafür gestimmt, ihn der Hochschule zu verweisen. Der Grund dafür soll seine allzu häufige Abwesenheit vom Unterricht gewesen sein. Man erzählt sich jedoch, dass seine Klassenkameraden, angeführt von Karl Isakson, damals geschlossen mit einem Streik drohten, woraufhin er bleiben durfte. Isakson wurde leider nicht sehr alt, nur vierundvierzig; einige von Ågrens engsten Freunden und Verbündeten an der Akademie starben noch früher. Als John Bauer im Vättern ertrank, war er sechsunddreißig; Ivar Arosenius war erst dreißig, als ihn seine Bluterkrankheit das Leben kostete. Und ich glaube, diese Dinge hatten durchaus eine gewisse Bedeutung: Solche Zufälle trugen zu Olof Ågrens Einsamkeit und dazu bei, dass sein Werk in Vergessenheit geriet. Das und seine Selbstkritik: Aus dieser ersten Zeit sind so gut wie keine Bilder erhalten geblieben. Nur eine Handvoll. Den Rest zerstörte oder übermalte er.

16

Das Gebäude war allgemein als Irrenhaus bekannt und stand in Neglinge, fünfzehn Kilometer östlich von Stockholm in Richtung Saltsjöbaden. Der um die Jahrhundertwende noch unermesslich reiche Bankier Ernest Thiel war dort in den Besitz eines Grundstücks mit drei größeren Häusern gelangt, von denen zwei in Kinderheime umgewandelt wurden, eines für Mädchen und eines für Jungen, während das dritte jahrelang leer stand, bis Thiel 1899 eine Idee kam, was er damit anstellen könnte. Im Vorjahr hatte er einen großen Skandal ausgelöst, als er sich scheiden ließ und kurz darauf eine sechzehnjährige Witwe heiratete. Etwa zur gleichen Zeit begann er auch, sich für Kunst zu interessieren, womit er der Nachwelt in Erinnerung bleiben sollte. Geld wird leicht vergessen, Kunst ist dagegen langlebiger, genau wie die Erinnerung an ihre Mäzene. Also durfte das dritte Haus ein Künstlerheim werden, eine Pension für minderbegüterte Maler. ›Das Hafergrützenheim‹, sagten die Leute, die darin wohnten; es waren die Nachbarn, die es

›das Irrenhaus‹ tauften. Freie Kost und Logis, Brennholz, Licht und ein Hausmädchen, das sich um die Wäsche kümmerte. Viel gemalt wurde dort wahrscheinlich nicht, aber die Pension in Neglinge entwickelte sich zu einem Sammelpunkt für Sonderlinge, die ganz unten oder bestenfalls auf dem Weg nach oben waren. Karl Isakson wohnte dort, und der Schriftsteller Hjalmar Söderberg sowie Thorsten Schonberg, Eigil Schwab und Gerhard Henning. Es war auch der Ort, an dem Oscar Bergman Olof Ågren kennenlernte, der zu jener Zeit vor allem mit Arthur Högstedt zusammen war, dem zutiefst originellen Zeichner und Komponisten, dessen Laufbahn jedoch bereits in jungen Jahren von einer psychischen Erkrankung beendet wurde. Sie waren wirklich bettelarm. Der Zug nach Stockholm kostete gerade einmal fünfzig Öre, eine halbe Krone. Trotzdem gingen sie in der Regel zu Fuß, oder gar nicht.

17

Lotte Laserstein stammte aus Ostpreußen. Von ihrer Heimat ist nichts geblieben. Sie stellte in derselben Galerie aus wie er, nur ein paar Jahre später, im Dezember 1937. Sie treffen sich allerdings erst jetzt. Hier, bei mir. Als sie noch lebten, begegneten sie einander nie. Rein theoretisch wäre dies natürlich möglich gewesen, aber ich glaube, es kam nie dazu. Sie hatte sich gerade erst nach Schweden gerettet: Außer Atem und mit stapelweise Kunst im Gepäck kam sie mit dem Zug aus Berlin, und auch ihre Vernissage war ein Erfolg, allerdings nicht vergleichbar mit seinem, obwohl die Gemälde grandios waren. Der Kunstkritiker der Zeitung *Aftonbladet* schrieb: »In der Galerie Moderne ist eine Ausstellung der deutschen Malerin Lotte Laserstein eröffnet worden, eine an der preußischen Kunstakademie unter Professor Erich Wolfsfeld ausgebildete junge Dame nicht arischen Typs.«

18

Ja. Eine Jüdin auf der Flucht. Schon damals ein sinkender Stern, eine knapp vierzigjährige, alleinstehende Frau auf dem Weg in eine künstlerische Katastrophe. Nie wieder würde sie ihr früheres Niveau erreichen. Ihre Gemälde wurden vielmehr immer schlechter. Sie wurde Schwedin mithilfe einer dieser Scheinehen, auf die sich Flüchtlinge aus schierer Not zu allen Zeiten eingelassen haben. Nach der Trauung begegneten sich die Eheleute nie wieder, blieben aber verheiratet. Wenn auch sie verhaftet und in irgendeinem Lager zugrunde gegangen wäre wie andere aus ihrer Familie, dann wären ihre Bilder, wenn sie in irgendeinem Verschlag überlebt hätten, schon kurz nach dem Krieg in den Himmel gehoben worden. Glauben Sie mir. Über die Mechanismen der Scham weiß ich fast alles. Stattdessen zog sie, von allen denkbaren Städten, ausgerechnet nach Kalmar und geriet in Vergessenheit – wenn man einmal von einem kleineren Personenkreis im östlichen Småland absieht. Das gewaltige Gemälde *Abend über*

Potsdam von 1930 hing all die Jahre in ihrem Wohnzimmer über der Couch. Sie wollte es der Gemeinde Kalmar schenken, deren Kulturpreis sie trotz allem bekommen hatte. Diese Ehre wurde ihr 1977 zuteil. Da war sie fast achtzig Jahre alt.

19

Ich weiß nicht einmal, wovon diese Geschichte eigentlich handelt. Noch nicht. Vielleicht wird es sich auch gar nicht klären, aber das stört mich nicht. Es ist im Übrigen nicht einmal eine Erzählung, sondern eher ein Zugeständnis an einen mit den Jahren immer stärker gewordenen inneren Antrieb, loszulassen und aufzugeben, an einen Wunsch, im Scheitern anderer mein eigenes zu erkennen, und mir endlich einen handfesten Grund dafür zu verschaffen, mein Gesicht in den Händen zu verbergen und zu fliehen. Ein Mosaik. So können wir es nennen. Ich habe nichts gegen beschönigende Umschreibungen. Ein Spiel mit hohem Einsatz ist es auf jeden Fall. Die Vorstellung, in den Kulissen zu verschwinden, ist ebenso tröstlich wie die Gewissheit, dass die Erde untergehen wird. Dass irgendwann alles aus ist. Krieg und Meteoriten. Um jeglichem Missverständnis vorzubeugen, möchte ich allerdings beteuern, dass ich weiterhin am liebsten respektiert, gelobt und geliebt werden möchte, gern alles auf einmal. Ich kann nur beim besten Willen nicht begreifen, wie das gehen soll, denn mit dieser Unfreiheit ist nicht zu spaßen.

Irgendetwas muss Ågren an der Kunstakademie trotz allem gelernt haben. Obgleich er später auf Sackleinen, Segeltuch und Butterbrotpapier malt, sind seine technischen Grundlagen ausgesprochen gut. Selbst die Temperatechnik beherrschte er. Dass die Werke, die man hier und da in Plunderauktionen antrifft, häufig in einem schlechten Zustand sind, liegt wohl an Ågrens Umgang mit ihnen. Es heißt, dass er seine Gemälde in eine Hängematte gerollt mit sich herumzutragen pflegte. Das merkt man ihnen an. Die künstlerischen Einflüsse sind weniger deutlich. Anhand der wenigen Bilder, die aus seiner Zeit an der Akademie erhalten geblieben sind, lassen sich keine anderen Schlussfolgerungen ziehen, als dass er sich stets innerhalb des Rahmens eines konventionellen Naturalismus bewegte. Er malte, kurz gesagt, wie Karl Nordström und die anderen Maler des Künstlerbundes in der Generation vor ihm, oder er versuchte es zumindest. Erst ein paar Jahre später, in den Schären, wohin er spätestens 1903 kam, trat gelegentlich ein brutalerer Zug zutage, als hätte er sich von Strindberg beeinflussen lassen, für dessen Malerei sich damals sonst kaum jemand interessierte: kleine, karge Felseilande in widrigem Wetter am fernen Horizont, alles andere als einschmeichelnd, was einen zu Theorien darüber verlockt, dass es einen Zusammenhang zu Ågrens Nietzsche-Lektüre gab, was jedoch abwegig erscheint. Wahrscheinlich war er einfach wütend. Aber natürlich lasen die Burschen im Irrenhaus Nietzsche, auch Schopenhauer. Dort, im Kreise seiner Kameraden, sollte man wohl die Antworten darauf suchen, warum seine künstlerische Laufbahn sich so entwickelte und nicht anders. Die Ausbildung war bedeutsam, gewiss, aber nicht so bedeutsam wie diese Clique von Querköpfen – Ivar Arosenius, Gerhard Henning, Johannes Collin –, die in den Augen des Lehrerkollegiums jenseits jeglicher Hoffnung verkommen war.

21

Zu allem Überfluss gehörte für zwei Jahre auch der bizarre Däne Ole Kruse (1868–1948) zu diesem Zirkel. Auf seine Malerei lässt sich vieles zurückführen, vor allem bei Arosenius, aber auch bei Ågren. Auf seinen Wanderungen durch Europa hatte Kruse sich von der mittelalterlichen, naiv erzählenden religiösen Malerei beeinflussen lassen, und nun wurde er für die jungen Künstler zu einem Guru. Über den sensiblen Bildhauer Collin lässt sich sagen, dass er tatsächlich verrückt wurde, während Gerhard Henning, auch er Bildhauer und völlig auf die Darstellung nackter Mädchen fixiert, den dritten literarischen Hausgott der Clique in die Runde einführte, den chinesischen Dichter Li Po (701–762), auch Chinas Bellman genannt. Er wurde berühmt dafür, dass er sturzbesoffen im Yangtse ertrank, als er versuchte, das Spiegelbild des Mondes zu umarmen. Noch 1954, als Ågren achtzig wurde und sich damit amüsierte, einem angereisten Journalisten seine Hühner vorzustellen, stellte sich heraus, dass eines der Hühner Li und ein anderes Po hieß, während der Hahn, bedauerlicherweise impotent, Kalidassa hieß, einerseits zur Erinnerung an den gleichnamigen indischen Autor des fünften Jahrhunderts, andererseits, weil der Hahn einen ungewöhnlich großen Appetit hatte und dadurch ein verlässlicher Produzent von Dünger mit einem hohen Anteil von Kalisalpeter war.

Zu diesem Zeitpunkt waren Ågrens Kameraden alle längst verschwunden.

22

Kindheit und Jugend wurden von einem Matriarchat geprägt. Die Stadt im Oberland, Ostpreußen, in der Lotte Meta Ida Laserstein 1898 geboren wurde, hieß Preußisch-Holland, was ein durchaus eigentümlicher Name für eine Stadt ist; er rührte daher, dass der Ort erstmalig von Holländern bevölkert wurde, die der Deutsche Orden dorthin gelockt oder vielleicht auch gezwungen hatte. Das war im 13. Jahrhundert, zur Zeit der Kreuzzüge. Heute heißt sie Pasłęk und liegt in Polen. Wir brauchen uns nicht näher damit zu befassen. Als die Genossen von der Roten Armee vor Ort das Ihre getan hatten, war von der alten Stadt nicht mehr viel übrig, und Familie Laserstein zog nach Bad Nauheim in Hessen, wo sich der Vater, der seine Apotheke gewinnbringend verkauft hatte, zum Wohle seines schwachen Herzens schonen sollte. Was ihm aber nicht gelang. Er starb zwei Jahre später, im

Alter von zweiundvierzig Jahren, woraufhin seine Frau Meta, geborene Birnbaum, mit den Mädchen (Lotte hatte eine kleine Schwester namens Käte) zu ihrer alten Mutter und ihrer Schwester nach Danzig zog. So geschehen 1902. Meta heiratete nie wieder und die Schwester, ihr Name war Elsa, interessierte sich mehr für Malerei als für Männer, sodass nicht viele Herren im Umlauf gewesen sein dürften, als Lotte Laserstein ein Kind war. Umso mehr Musik und Kunst. Ihre Mutter war eine gute Pianistin und ihre Tante Elsa betrieb in Danzig eine eigene Malschule. Dass das Mädchen anfing zu malen, war also nicht verwunderlich. Viel, viel später pflegte sie eine Anekdote zu erzählen, nach der es ihr als Zehnjährige gelungen war, einen Jungen, der ihr den Hof machte, mit der Begründung abzuservieren, dass sie niemals heiraten werde, da sie ihr Herz der Kunst versprochen habe. Eine Banalität, allzu häufig wiederholt.

23

Wie die jungen Burschen sich Li Pos Werk aneignen konnten, ist auf den ersten Blick ein Rätsel, denn Übersetzungen ins Schwedische existierten damals nicht, aber vermutlich lasen sie ihn auf Deutsch, einige wohl auch auf Französisch. Der Dichter Erik Blomberg konnte ebenfalls kein Chinesisch, aber seine Übertragung des Gedichts *Der Reiher*, aus diversen Quellen zweiter Hand, soll dennoch etwas von dem bewahrt haben, was fesselt und begeistert und einen meiner jüngeren Freunde kürzlich

veranlasste, den Text an einem Restauranttisch wortge-
treu, aus dem Gedächtnis, zu rezitieren:

Wie eine Schneeflocke
rieselt der weiße Reiher
zum Ufer eines tiefblauen Sees.

Regungslos erwartet er
auf dem Stein weit draußen
die Ankunft des strengen Winters.

24

Ich selbst beabsichtige zumindest Blombergs Überset-
zung von *Das Glühwürmchen* zu memorieren, zum zu-
künftigen Gebrauch, bei eventuellem Durst, oder auch
nur, um beständig das Bild dieser jungen Männer he-
raufbeschwören und fixieren zu können, des Nachts, im
schwachen Licht einer Petroleumlampe, in Neglinge, in
irgendeinem der ersten Jahre des 20. Jahrhunderts. Das
meiste dieser Vorstellung ist bloß Vermutung; ein Gefühl
von Verbundenheit, nicht mehr.

Nicht einmal Regen kann deine irrende Lampe löschen,
und der Wind facht ihren funkelnden Schein nur an.
Sag, warum fliegst du nicht hoch unter diesem Himmel
und wirst zu einem Stern, der beim Monde leuchtet?

Folgendes dürfen wir nicht vergessen: Wir sprechen hier von einem Mann, einem ausgeflippten Bohemien jämtländischer Landrasse. Einem Original. Von einem Mann, der völlig aus der Reihe tanzt und alles aufgibt und seine Hühner nach einem chinesischen Säufer aus den Tagen der Tang-Dynastie benennt. Während des Zweiten Weltkriegs erschien in der Illustrierten *Vi* ein Artikel; einer seiner Bewunderer erinnert sich darin an einen fünfzehn Jahre zurückliegenden Besuch bei Ågren auf der Insel Krokholmen am Rand des offenen Meers. Dort fand er Ågren mit hochgeschlagenen Hosenbeinen in einer seichten Bucht, wo er umherwatete und Schilf schnitt, um das Dach des Lagerschuppens neu zu decken. »Es war November und das zentimeterdicke Eis klirrte in hohen Tönen um seine nackten Knie.« Welch eine Zähigkeit! Der Autor des Artikels war wie gesagt ein Bewunderer Ågrens. »Er gehört zu jener kleinen, aber feinen Schar, die es nicht gleich wegweht, wenn das Wetter schlechter wird.« Bis heute kursiert auf Arholma eine Geschichte darüber, dass der Maler Olof Ågren völlig verelendet in einer Hütte lebte, die in einem so erbärmlichen Zustand war, dass sein Bart eines Morgens am Kissen festgefroren war.

Ein Mann, eigensinnig, unbeirrbar und provozierend frei. Er lebt noch, zwar nur in Gestalt von anderen, aber trotzdem, und es interessiert mich nicht die Bohne, ob die Stars von heute eine Gibson oder eine Fender-Stratocaster spielen, aber ich wollte so sein wie er.

Man fragt sich, wie er überlebte. Während seiner Zeit im ›Irrenhaus‹ kam wenigstens Essen auf den Tisch, und in den Jahren an der Akademie erhielt er manchmal eine bescheidene Unterstützung. Eine Quittung, auf 1903 datiert, deutet zudem an, dass Gustaf Cederström ihn persönlich unterstützte. Es handelt sich um eine Krankenhausrechnung über Pflege im Serafimerlazarett, weshalb ist unklar, über 37 Tage à 50 Öre. Das halbe Frühjahr hat Ågren dort verbracht. Aber dann? Vieles bleibt diffus, aber bald darauf mietete Ågren das Holzhäuschen auf Krokholmen nördlich von Stockholm, weit draußen in den Schären, nahe dem offenen Meer. Viel kann es nicht gekostet haben und man darf annehmen, dass es dort Fische und Möweneier in Hülle und Fülle gab. Schnell ergab sich auch ein Zubrot, das ein Menschenalter später unter der Bezeichnung »Assistent des Pleinairmalers Severin Nilsson« lief, in Wahrheit jedoch weniger glamourös war. Ågren wurde ganz banal engagiert, diverse einfachere Landschaftsmotive zu malen, die Severin Nilsson, dessen Popularität einzig von seiner Kurzsichtigkeit übertroffen wurde, anschließend signieren und mit gutem Gewinn verhökern konnte. Er war Jahrgang 1846 und hatte seinen Zenit bei Weitem überschritten. Die Signatur aber behielt ihren Wert.

Entwürfe, Kritzeleien, auf einem Stück Grundierpapier:
»Der Unterzeichner darf sich hiermit als Antragsteller
für eine der Verwaltung der Akademie unterstehende finanzielle Unterstützung für Kunstausübende anmelden.
Da der Antragsteller keine Möglichkeit besitzt, mittels
der Vorlage einiger Arbeiten den zu Recht hohen Ansprüchen der Akademie zu genügen, bittet er die Akademie, folgende Sachverhalte in Betracht zu ziehen: 1. Dass
dem Antragsteller während seiner Lehrzeit an der Schule der Akademie aufgrund seines allzu großen Unwissens
oftmals der Unterricht verweigert wurde. 2. Wenn Unterricht erteilt wurde, war dieser oftmals von so unprak-
tischer und wenig sachlicher Beschaffenheit, dass wenig
oder gar kein Nutzen daraus gezogen werden konnte.
Hieraus folgt darüber hinaus, dass der Antragsteller die
Akademie mit einem tief verwurzelten Misstrauen gegen
jeglichen akademischen Kunstunterricht verließ, den
Berg-Matisseschen folglich nicht ausgenommen. Als aka-
demisch wird hier jeglicher Unterricht verstanden, bei
dem Meister und Schüler an getrennten Orten arbeiten,
der Erstgenannte in vornehmer Abgeschiedenheit, die
Letzteren oft noch ohne die nötige Reife für eigenstän-
diges Arbeiten. Angesichts dieses Missverhältnisses sah
sich der Antragsteller darauf angewiesen, sich allein und
ohne Führung durch die Schwierigkeiten vorzutasten.
Sobald man aber deren ernsthafte Beschaffenheit und
den Mangel an gediegenen Vorkenntnissen bedenkt, sollte man sich nicht zu sehr über sein Scheitern wundern.

Es geschieht also nicht aufgrund eines persönlichen Verdienstes, sondern im Gegenteil, in Eigenschaft eines gescheiterten Berufsausübenden, dass der Antragsteller es wagt, an die Hilfstätigkeit der Akademie zu appellieren. Die angeführten Punkte mögen außerdem als Gründe dafür gelten, dass der Antragsteller darauf verzichtet, der Akademie einige Arbeiten zur Prüfung zuzusenden, zumal nicht der geringste Zweifel daran bestehen kann, dass sie hinreichend schlecht sind, um zu beweisen, wie begründet seine Behauptungen sind.«

28

Irgendetwas an Lotte Lasersein berührte mich. Anfangs verstand ich nicht, was es war. Ein Zufall, ein Blick nur. An manchen Tagen bin ich eine leichte Beute, und dies war ein solcher Tag. Und weil es heute überall Bilder gibt, in ihrem Fall viele, von denen man sich wünschen würde, jemand hätte den Mut gehabt, sie zu verstecken, oder noch besser, sie zu vernichten, kam es mir vor, als verkörperte sie alles, was mich ängstigte: das Misslingen, dieser Mischmasch aus kleinen, schnellen Skizzen für ein unkritisches Publikum. Manchmal regelrecht abstoßende Sachen.

Wenn irgendwer hätte aufhören sollen, dann sie. Und so gab ich sie auf, oder versuchte es zumindest; wollte nicht wissen, was passiert war. Trotzdem kehrte sie zurück.

Zu den Geschichten, die schon früh über Olof Ågren kursierten, gehört ein Strauß von Anekdoten über turbulente Seefahrten zwischen den Schären und Stockholm.
Kein Mensch erinnert sich mehr, was von ihnen wahr ist,
aber ich bin mir sicher, dass die Geschichten etwas Wesentliches über seinen Eigensinn und seine Armut aussagen. Denn obwohl es durchaus möglich war, mit dem
Dampfschiff in die Stadt zu fahren, bevorzugte er sein eigenes Boot, und sei es auch nur aus finanziellen Gründen. Der Künstler Albert Engström schrieb 1918:»Am
äußersten Rand der Schären, auf einem kleinen Inselchen in der Nähe von Arholma wohnt er seit Jahren ganz
allein, mit knapper Not den Hunger und die Kälte des
Winters in einem gebührenden Abstand haltend. Diese
unendliche Einsamkeit wird nur manches Mal unterbrochen, wenn mit einem fertigen Gemälde ein Besuch in
Stockholm absolviert werden muss. Es war ein regnerischer und windiger Novemberabend letzten Jahres, als
ich Olle Ågren auf der Drottninggatan begegnete. Er war
in einem kleinen, offenen Boot in die Stadt gesegelt, das
nun am Stadsgården vertäut lag. Unter einem Sitz im Boot
verstaut befanden sich ein fertiges Bild und sein Malkasten.« Bei anderer Gelegenheit soll er auf einer kleineren Schäre in der Fahrrinne in Seenot geraten sein, aber
es gelang ihm, auf diesem Eiland vierundzwanzig Stunden im Schneegestöber zu überleben, indem er immer
im Kreis ging, denn es war eine kleine Schäre, und als
endlich Rettung nahte, stellte sich heraus, dass er Lack

schuhe trug und auch sonst so »elegant wie ein Franzose« war. Ein ums andere Mal hört man auch die Geschichte von einem Besuch seiner Mutter, die er gegen Abend bei Slussen im Zentrum Stockholms in einem Ruderboot abholte. Nach einigen Stunden erkundigte sich die alte Frau vorsichtig, wann sie denn wohl ankommen würden, und erhielt daraufhin die Antwort: »Morgen früh. Ich bin zwölf Stunden in die Stadt gerudert. Raus geht es genauso schnell. Vielleicht sogar ein bisschen schneller. Bis Vaxholm hilft uns die Strömung.«

30

Armut ist das falsche Wort, wird mir bewusst. Ågren war bankrott. Das ist etwas anderes. Ein Lyriker, den ich kenne, schrieb einmal: »In diesen Zeiten der Wirtschaftskrise sollte man sich schleunigst den Unterschied zwischen Bankrott und Armut vergegenwärtigen. Die Armut jagt verzweifelt den elementarsten Dingen hinterher, während der Bankrott das Verlangen nach Unnötigem bremst.« Um genau zu sein, war er wohl, zumindest phasenweise, arm *und* bankrott. Nicht, dass er aus der Not eine Tugend gemacht hätte, denn Tugenden gehörten, wenn ich recht sehe, nicht unbedingt zu seinen Interessengebieten. Jedenfalls deutet nichts darauf hin. Nein, es handelt sich eher um eine doppelte Außenseiterposition, und zwar dadurch, dass er aus kleinen Verhältnissen auf dem Land in der Region Jämtland stammte, es ihm dann jedoch gelang, mittels selbst gewählter Anspruchslosigkeit von dort zu fliehen, nur um anschließend, mit den Jahren, dann doch wieder von der eigenen Geschichte eingeholt zu werden. So kommt es ja meistens. Der Maler Ågren war bankrott. Der Bauer, später, war bitterarm.

31

In einem seiner letzten Briefe, verfasst in der Mittsommerzeit 1959, erwähnt Ågren erstmals das Erbe seiner Kindheit: »Manchmal bilde ich mir ein, dass sogar ein gewisser Mensch es zu etwas hätte bringen können, wenn es einem während der Studienzeit passabel gegangen wäre, will sagen, wenn man eine feste Bleibe, Kleider und Essen gehabt hätte. Zu meiner Zeit war die Lage für einen armen Jungen vollkommen hoffnungslos, insbesondere, wenn er auf dem Land geboren wurde. Man bekam nicht einmal einen ordentlichen Volksschulunterricht. Ich kann mich nur immer wieder wundern, dass manche es trotzdem geschafft haben. Es wird wohl mit der Hilfe Gottes geschehen sein. Oder dem Beistand des Abgeschafften?« Die letztgenannte Gestalt dürfte mit dem Hauptdarsteller in der sogenannten Teufelsdebatte identisch sein, ein mediales Ereignis fünfzig Jahre zuvor, 1909, das damit endete, dass sich die Schwedische Kirche trotz heroischen Widerstands in aussichtsloser Lage schließlich gezwungen sah, sowohl den Teufel als auch die Hölle abzuschaffen, was Ågrens Gespür für alles Lächerliche angesprochen haben dürfte.

Viel später versuchte er, Mademoiselle Pérrin zu finden. Sie hatten 1909 in Paris als Nachbarn im selben Mietshaus in der Rue Laugier gewohnt. Auch später, in den Jahren vor dem Ersten Weltkrieg. Über ihre Beziehung ist nichts Näheres bekannt, gerade einmal, dass sie für ihn die Gemälde verwahrte, als er heimwärts reiste. Nach dem Krieg war sie dann verschwunden, genau wie die Kunstwerke. Nein, von Olof Ågrens Hand sind wahrlich nicht viele Bilder erhalten geblieben. Allerdings malte er auch nicht besonders fleißig und verkaufte so gut wie nichts. Lieber sammelte er alles in der Scheune und änderte, übermalte oder fing noch einmal von vorn an, als wäre das Malen selbst die Mühe wert, und nicht das Ergebnis. Einige seiner größten Gemälde rollte er als Persenning aus, um sein Holzboot vor Wind und Wetter zu schützen, und eines der Selbstporträts fand in einem der strengen Winter in den vierziger Jahren, während des nächsten Kriegs, als Schneeschaufel Verwendung. Damals hatte er aufgehört zu malen. Ich stelle mir gelegentlich vor, dass auch Mademoiselle Pérrin gezwungen war, in ein abgeschieden liegendes Haus irgendwo auf dem Land zu ziehen, mit Scheunen und Schuppen und einem großen Dachboden, auf dem die Bilder endgültig verstaut wurden. Und dass jemand sie, eines schönen Tages, wiederfinden wird. Ein Tagtraum nur.

Er liebte Paris. In einem der wenigen erhalten geblieben Briefe schreibt er: »Es ist die einzige Stadt, in der ein Maler wohnen und tätig sein kann, ohne sich ausgestoßen und zur Seite gedrängt und zurückgelassen und absolut überflüssig zu fühlen.« Dieser Brief wurde im September 1939 geschrieben, in Småland. Zu diesem Zeitpunkt war auch die Zeit seiner Reisen vorbei.

33

Zum ersten Mal kam Ågren 1908, vielleicht auch erst 1909 nach Paris. Jedenfalls in jenem Winter. Er hatte endlich ein Reisestipendium der Kunstakademie ergattert, und nach einigen Monaten in Berlin reiste er nach Paris weiter. Im Gegensatz zu den anderen Schweden in der Stadt blieb er auf Distanz zu Henri Matisse, was wahrscheinlich der Grund dafür ist, dass sich keiner mehr erinnert, was er dort eigentlich trieb. Aber er malte, und seine Gemälde verschwanden, wie erwähnt. Aus diesen ersten Jahren in Frankreich ist nur ein einziges Werk bekannt, ein kleines, sehr kleines Bild auf Holz, das den Pont Neuf zeigt, 1912 signiert. Ich fand es bei einem Trödelhändler in Stockholm, der es unter der Rubrik »Unbekannter Künstler« für einen läppischen Betrag feilbot. Dort fing alles an. Ein Zufall. Auch ich wusste nichts über Ågren, hatte nie von ihm gehört.

Mein Vater war, wie ich, ein Sammler, und als er in seinem einundneunzigsten Lebensjahr verschwand, blieb ich lange ratlos, fragend stehen, in seinem Tischlerschuppen, in dem sämtliche Werkzeuge verwahrt wurden, über Generationen hinweg weitervererbt von Bierbrauern, Bauern und Waffenschmieden, die bis tief auf den Grund des 19. Jahrhunderts und wahrscheinlich noch weiter zurückreichten. Dort lagen Stemmeisen, Meißel und alte Scharniere, alles Mögliche in dieser Art; selbst fabrizierte Leistenhobel, blank gewetzte Zollmaße mit Messingbeschlägen und der monströse Schraubenschlüssel, den Vaters Großmutter in Amerika gekauft hatte; Wasserwage, Dorn und Schustermesser. Ich kannte Vater sehr gut; seine Geschichte war in einem gewissen Sinne auch die meine, und doch verbirgt nichts so viel wie Details. Das Leben eines Menschen ist immer abgeschlossen und wird im Nachhinein zu einem Mysterium, zu einem unentwirrbaren Knäuel aus Zufällen und Sehnsüchten, das niemand wirklich verstehen kann, voller Geheimnisse. Die übrig gebliebenen Details bilden ein Kuriositätenkabinett. Und so kam ich schließlich auch in den Besitz einer Schlüsselsammlung, denn in unserer Familie hat man übrig gebliebene Schlüssel stets aufbewahrt – man weiß ja nie – und in einer bleischweren Holzkiste verwahrt, die Vater 1963 von seinem Vater erbte, der sie wiederum von seinem bekommen hatte, sodass es ungeheuer viele Schlüssel waren: angefangen bei schweren Stücken rostigen Eisens aus längst abgerissenen Ställen, Plumpsklos und Vorratskammern, bis hin zu den einfachsten, winzig kleinen, platten Schlüsseln von Vorhängeschlössern in Form kleiner roter Herzen, mit denen Mädchen in entschwundenen Zeiten ihre Tagebücher verschlossen; gewöhnliche Türschlüssel, Schlüssel zu Schränken und Schubladen aller Art, zu Geldkassetten und Koffern, verschrotteten Autos und gestohlenen Fahrrädern; eigentümliche Schlüssel zu Vorhängeschlössern aus der fernen Zeit eines Christopher Polhem (1661–1751), vernickelte Schrankschlüssel und Schlüssel, deren Funktion sich niemandem mehr erschloss. Viele Hundert. Das mögen vielleicht viele Hundert sinnloser Details sein, aber mit der Zeit zog es mich immer öfter in Auktionshäuser (und sei es auch nur auf der Jagd nach der immer gleichen, flüchtigen Geschichte), und nicht selten kehrte ich mit einem Schreibtisch und anderen Möbeln heim, die unter dem Vorbehalt »Schlüssel fehlt« aufgerufen wurden, und anschließend musste ich bloß das Schloss abschrauben und es Vater per Post zuschicken. Manchmal war er natürlich gezwungen, ein wenig am Schlüsselbart zu feilen, aber einen passenden Schlüssel fand er immer. Eine schöne Form des persönlichen Kontakts war das, über die Zeit hinweg.

35

Mit Ausnahme der zahlreichen Kritiken zu seiner Ausstellung in der Galerie Moderne wurde Olof Ågren in der Presse nicht besonders oft erwähnt. Er war kein zugänglicher Mensch, aber verstreute Notizen und Artikel erschienen natürlich schon in den Jahren nach 1910 und bis zu der Retrospektive in Waldemarsudde 1974, und da es den Autoren nur selten gelang, ihn persönlich zu treffen, konzentrierten sie sich zum einen auf Ågrens Kunst – Texte, die sozusagen den Wunsch ihrer Verfasser ausdünsten, in Schubladen zu stecken und mit kunsthistorischer Belesenheit um sich zu werfen –, zum anderen stützen sie sich auf den Vorrat von Anekdoten, die im Umlauf waren, auf irrwitzige Faxen und bizarre Zitate, auf Hörensagen. Ågren war nachweislich wortkarg, galt als verschroben und starrköpfig. Wenn er dann einmal etwas sagte, blieb es in Erinnerung, und von diesen Histörchen wird vor allem eines gebetsmühlenartig wiederholt: die Geschichte von dem Stipendienbrief, in der es darum geht, dass der Maler, ausgestattet mit einem Reisestipendium der Kunstakademie, auf den Kontinent reist und nach seiner Heimkehr späterhin aufgefordert wird, seine Eindrücke und Lehren in Form eines schriftlichen Berichts einzureichen. Er schickt daraufhin von irgendwoher eine Postkarte mit folgendem Wortlaut: »Nach Rembrandt nichts Neues.« Ich habe dieses Zitat an gut und gern einem Dutzend verschiedener Stellen gelesen. Wahrscheinlich ist es eine moderne Sage.

Nichts deutet darauf hin, dass ausgerechnet Rembrandt
Ågrens Geschmack entsprochen hätte, und die ominöse
Postkarte hat sich im Archiv der Kunstakademie auch niemals auftreiben lassen. Dagegen gibt es eine glaubwürdi-
gere Variante der Anekdote. Sie stammt wieder von Albert
Engström, aus seinem Text von 1918; er beginnt mit einer
Lobeshymne auf das Gemälde *Der Mondhof,* erworben von
Ernest Thiel, und geht sogleich zu einer Reflexion dazu
über, dass Ågren, wie Arosenius, möglicherweise sterben
muss, ehe sich der Ruhm, den er eigentlich verdient, einstellt. Danach verliert sich der Text in Kuriositäten. Es ist
meines Wissens das erste Mal, dass der berühmt-berüch-
tigte Stipendienbrief erwähnt wird, doch hier lautet das
Zitat:»Nach Holbein nichts Neues.« Das passt schon eher,
denn Ågren selbst erzählte in den fünfziger Jahren, in
Berlin habe er die alten deutschen Meister bewundert,
und später, im Louvre, verwandte er viel Mühe darauf,
Holbeins berühmtes Porträt des Erasmus von Rotterdam
zu kopieren. Leider gehört diese Kopie zu den Gemälden,
die während des Kriegs in Paris verschwanden. Ich würde
es wirklich zu gerne einmal sehen.

37

Im Oktober 1908 schreibt Ågren aus Berlin an Gustaf
Cederström:»Ich bin sehr dankbar, dass der Herr Baron mir den Rat gegeben hat, hierherzureisen. Ich finde,

dass ich viel Nutzen daraus ziehen konnte, Kaiser Friedrichs Museum zu besuchen. Von den Italienern hat, denke ich, Mantegna den bisher größten Eindruck auf mich gemacht. Vor allem aber die Deutschen und Holländer, Cranach, Holbein, van Eyck, Memling, Roger van der Weyden und viele mehr. Ehrenhafte Männer, die vielleicht nie das Schlagwort ›Individualität‹ benutzten, und es trotzdem schafften, sich ihre Eigenheiten gut zu bewahren. Und niemals dürften sie einen Gedanken daran verschwendet haben, sich selbst in ihren Werken zu verherrlichen, stattdessen haben sie allein um der Sache selbst willen gearbeitet.«

38

Paris 1909. Picasso war siebenundzwanzig und Matisse neununddreißig Jahre alt. Olof Ågren war vierunddreißig. Er lebte etwa zwei Jahre in der Metropole, fuhr dann heim, kehrte jedoch 1912 wieder zurück. Was er dort machte, ist unklar, denn außer einem einzigen sind, wie gesagt, sämtliche Bilder verschwunden. Aber anhand des Wenigen, was uns bekannt ist, lassen sich dennoch gewisse Schlussfolgerungen ziehen, zum Beispiel, dass Matisse, dessen Malschule in jenen Jahren eine ganze Generation schwedischer Künstler anlockte, die schon bald zu den Bannerträgern der Moderne in Schweden werden sollten – Einar Jolin, Isaac Grünewald, Sigrid Hjertén, Nils von Dardel, Mollie Faustman und viele mehr –, ihm nicht gefiel. Sie waren alle jünger als Ågren, was viel-

leicht dazu beitrug, dass sie und er nicht in Kontakt standen. Außerdem wohnte er nicht wie sie in Montparnasse,
weshalb man in den zahlreichen Memoiren, die über
diese ruhmreichen Jahre verfasst wurden, vergeblich
nach seinem Namen sucht. Tja, und er selbst sagte nun
einmal nicht viel. Alles musste man ihm aus der Nase ziehen. Drei Kollegen, stellte sich schließlich heraus, hatten
bei ihm einen bleibenden Eindruck hinterlassen – Henri Rousseau, Kees van Dongen und Picasso vor dem Ku-
bismus. Obwohl diese Art kunstwissenschaftlicher Suche
nach Einflüssen mich nur selten lockt, komme ich doch
nicht umhin zu vermuten, wie es dazu kam, denn es gibt
hier einen Zusammenhang sowie Spuren in fast allem,
was Ågren in Angriff nimmt.

39

Dass ihm der Zollbeamte Rousseau, dieser autodidakti-
sche naive Maler, auffallen würde, ist nicht weiter verwunderlich, da er kurz vor seinem Tod 1910 in Mode kam
und im Jahr darauf im *Salon des Indépendants* posthum gefeiert wurde. Seine spielerische Fantasie muss wie für
Ågren geschaffen gewesen sein, und ebenso selbstverständlich mag einem erscheinen, dass es ihn zu dem hu-
moristischen Zyniker van Dongen und zu Picassos rosa
Periode hinzog, aber das ist es nicht, denn die beiden
waren damals jung und standen noch am Anfang ihrer
Karrieren. Erst später haben Heerscharen von Malern
von sich behauptet, vor allem Picasso schon damals im

Auge gehabt zu haben. Ich persönlich nehme an, es war ein Zufall. Ågren wohnte oben in der Rue Laugier und ging sicherlich regelmäßig zu Fuß zum Fluss und zum Louvre, nur einen Katzensprung vom Pont Neuf entfernt. Auf seinem Weg kam er an der Rue Vignon vorbei, wo der deutsche Kunsthändler Daniel-Henry Kahnweiler (1884–1979) seine erste Galerie eröffnet hatte. Das war 1907. Ein kleiner Laden nur, mit der Zeit jedoch legendär, da er als einer der Ersten an Picasso glaubte. Auch van Dongen gehörte zu Kahnweilers Favoriten. Wir werden nie erfahren, was sich genau abgespielt hat, aber die Vorstellung amüsiert mich, das ist alles. Klar ist allerdings, dass Olof Ågrens eigene rosa Periode in Paris eingeleitet wurde und andauerte, solange er aktiv war. Wenige haben wie er in Rosa geschwelgt. Das kleine Gemälde auf Holz vom Pont Neuf war da nur der Anfang.

40

Im November 1909 schreibt Ågren aus Paris an die Kunstakademie: »Recht interessant, jedoch alles andere als erfreulich, ist des Weiteren, das Arbeitersystem zu beobachten, das hier angewandt wird, um den Kunstmarkt zu ›beleben‹. Der Künstler, der dereinst ganz sicher eine Person war, auf die es ankam, wenn Kunst geschaffen werden sollte, wird immer stärker in den Hintergrund gedrängt. Das Ganze wird mehr und mehr zu einer Sache für eine Assoziation, bestehend aus einem Kunsthändler – der mit Abstand wichtigsten Person –, einem oder besser gleich mehreren Journalisten, einem Farbenhändler und einem Maler (Letzterer ist allerdings nicht unbedingt erforderlich und kann vom jüngsten Verkäufer des Farbenhändlers ersetzt werden). Gelingt der Start, will sagen, geht das Kapital nicht zur Neige, hat die moderne Kunstgeschichte bald darauf einen neuen ›Namen‹, den es für längere oder kürzere Zeit auf ihren Blättern zu notieren gilt. Ich bedauere, dass ich dieses Thema aufgegriffen habe, das in Reisebriefen streng genommen nichts zu suchen hat, aber es fällt einem wirklich schwer, die hier betriebenen groben Gaunereien zu beobachten und stillschweigend an ihnen vorbeizugehen.«

Als suchte er schon von Beginn an nach Gründen, um aufzugeben.

41

Es war die Zeit der Künstlergruppen. In der ersten Hälfte des 20. Jahrhunderts bildeten sich über dreißig mehr oder weniger dauerhaft bestehende Vereinigungen schwedischer Maler, die gemeinsame Ausstellungen organisierten. Vorbild war die so erfolgreiche Gruppe der Opponenten, der es in den achtziger Jahren des 19. Jahrhunderts nicht nur gelang, das Publikum für ihre französisch beeinflusste Pleinairmalerei zu gewinnen, sondern ihre Position darüber hinaus mittels des 1886 gegründeten Künstlerverbands zu stärken und die Erfolge zu wiederholen, sodass sie die Kunstszene um die Jahrhundertwende maßgeblich dominierte. Und danach fing das Ganze wieder von vorn an. Natürlich hatten nicht alle diesen Anspruch, aber als der richtige Zeitpunkt gekommen war, sollten zumindest die Schüler Matisses, die 1909 in der Gruppe *Die Jungen* in Erscheinung traten, mit ihrem farbenfrohen Modernismus Triumphe feiern. Von wenigen Ausnahmen wie der Halmstad-Gruppe und dem größeren Kreis um die Galerie Färg & Form (Farbe & Form) abgesehen, waren diese Gruppierungen eher kurzlebig. Ågren gehörte zwei von ihnen an. Bereits 1905 stellte er ein Ölgemälde und zwei Temperaskizzen unter der Schirmherrschaft der Gruppe *Die Freien* aus, gegründet einige Jahre zuvor von Arthur Bianchini, auch er ein Schärenmaler, wohnhaft in Sandhamn. Wo sich diese drei Werke heute befinden, wenn sie überhaupt noch existieren, ist unklar. Wesentlich leichter aufzuspüren sind viele der insgesamt achtunddreißig Werke, die er 1926 und 1928 in Liljevalchs Kunsthalle ausstellte, als er der Gruppe *Die Optimisten* angehörte, gemeinsam mit Mollie Faustman, Bror Hjorth, Martin Åberg, Greta Knutson-Tzara und einer Reihe von Kameraden, von denen die meisten heute mehr oder weniger vergessen sind.

42

Als Olof Ågren um die vierzig war, wurde er berühmt, oder zumindest berüchtigt, nicht etwa, weil ihm ein größerer Durchbruch mit seiner Malerei gelungen wäre, denn dazu kam es erst zwei Jahrzehnte später, sondern weil er mitten in einer Kunstdebatte landete, die spätere

Konflikte blass aussehen lässt. Es ging um die Ausgestaltung des Trauzimmers im *Rådhuset,* dem neu erbauten Stockholmer Gerichtsgebäude im Stadtteil Kungsholmen. Zur Vorgeschichte gehört, dass die Malerin Eva Bonnier (1857–1909) eine größere Geldsumme, nach heutigem Geldwert annähernd 40 Millionen Kronen, für die künstlerische Ausschmückung öffentlicher Räume in Stockholm gestiftet hatte. Das Geld wird bis heute von einem selbstständigen Stiftungsrat verwaltet, dem damals die Bildhauer Christian Eriksson und Carl Eldh, die Schriftsteller Tor Hedberg und Karl Warburg, die Maler Richard Bergh, Prinz Eugen und Hanna Pauli sowie die Architekten Carl Westman, der das Gerichtsgebäude entworfen hatte, und Ragnar Östberg, der später das Stockholmer Rathaus entwerfen sollte, angehörten. Es ist die ästhetische Machtelite, die nun beschloss, das Trauzimmer mit einem Fresko auszuschmücken.

43

Im Jahr 1912 wurde ein Wettbewerb ausgeschrieben, an dem sich zwei Dutzend Künstler beteiligten. Niemand gewann. Drei Beiträge wurden zwar belohnt, aber keiner von ihnen erschien dem Gremium gut genug, um ausgeführt zu werden. Deshalb veranstaltete man im Jahr darauf einen weiteren Wettbewerb. Es gab ebenso viele Teilnehmer, welche genau, lässt sich leider nicht exakt feststellen, da die Beiträge nicht signiert sein durften. Der Name des Künstlers sollte in einem versiegelten Briefumschlag beigelegt werden, woraufhin zwei der drei Vorschläge, die das Gefallen der Jury fanden, den Namen Isaac Grünewald und Georg Pauli zugeordnet werden konnten. Und der dritte? Der einreichende Künstler hatte vergessen, seinen Namen beizufügen. Oder es einfach unterlassen. Erst als man in der Zeitung *Svenska Dagbladet* nach dem Künstler fahndete, gab sich Olof Ågren zu erkennen. Der Rest ist ein Streit, der seinen Höhepunkt erreichte, als die drei Gewinner zu einem letzten, entscheidenden Wettbewerb gegeneinander antraten. Pauli, der älteste, kam mit seinem behutsam kubistischen Bild noch glimpflich davon, genau wie Ågren, dessen Motiv aus der naiven Kalkfarbenmalerei des Mittelalters entlehnt gewesen zu sein schien. Das eigentliche Problem war der damals fünfundzwanzigjährige Grünewald. Seine nackten, androgynen Figuren, die ihre Züge sowohl von Matisse als auch von Cézanne entliehen hatten, gefielen zwar der Jury, aber in der Presse versuchte man, sich gegenseitig in antisemitischen Sarkasmen zu übertreffen angesichts dieser deformierten Schabracken, die bei schwangeren Frauen wahrscheinlich Fehlgeburten auslösen würden, und auch ansonsten so anstößig grauenvoll seien, dass der Künstler in die Nervenheilanstalt Konradsberg eingewiesen werden solle. Daraufhin mischten sich die Politiker in den Streit ein, der damit endete, dass die Stadt alles ablehnte, was Eva Bonniers Stiftungsrat anbot, woraufhin der Auftrag an einen Stümper ging, der kaum als Künstler bezeichnet werden kann. Ågrens Entwurf ist im Museum der Skizzen in Lund erhalten geblieben.

Weil die Schulen in Danzig nicht die besten waren, zog Meta Laserstein mit ihren Töchtern nach Berlin. Für die Mädchen immer nur das Beste. Das war 1912. Lotte wurde in jenem Herbst vierzehn, und man benötigt nicht viel Fantasie, um sich vorzustellen, wie ihr Leben daraufhin erst richtig begann, in dem Häusermeer der großen Metropole in jenen Jahren vor dem Ausbruch des Kriegs, des ersten – der dann wie ein von fern grollendes Gewitter vorüberzog, sodass die kleine Familie ihr ruhiges Mittelschichtleben in einer Wohnung in Friedenau weiterführte. Als der Krieg und das nachfolgende Revolutionschaos schließlich vorüber waren, konnte Lotte endlich ihren Bogen spannen, nicht zuletzt dank der Verfassung der Weimarer Republik, die Frauen die gleichen Möglichkeiten zu einer akademischen Ausbildung eröffnete wie Männern, woraufhin sich auch die dümmlich konservative Kunstakademie, die Unterrichtsanstalt des Kunstgewerbemuseums in Berlin, gezwungen sah, Frauen eine Chance zu geben. Lotte Laserstein wurde 1921 angenommen, nachdem sie die Seminare der Universität in Kunstgeschichte leid war und parallel einige Semester an einer Schule für Gebrauchsgrafik durchlitten hatte, die von dem zu Recht vergessenen Porzellan- und Tapetenmustermaler Adolf Propp geleitet wurde. Man begreift durchaus, dass sie dort nicht bleiben wollte, vor allem nicht, nachdem Erich Wolfsfeld Professor an der Akademie geworden war.

In diesen Jahren lebte Ågren teils in den Schären, teils in einer Bruchbude in der Heleneborgsgatan im Stadtteil Södermalm. ›Atelier‹ wäre zu viel gesagt. Das Zimmer war zwar groß genug, um die Skizze aufzunehmen, die er für den dritten Wettbewerb um die Gestaltung des Trauzimmers anfertigte, aber der gewaltige Karton, annähernd dreißig Quadratmeter groß, bedeckte dabei nicht nur die Wand, sondern auch die halbe Bodenfläche sowie die Decke. Weiß der Teufel, wie er es anstellte. Allerdings empfing er nur ungern Besuch, das muss also nicht stimmen, aber trotzdem. Und ich weiß ebenso wenig mit Sicherheit, was es eigentlich mit dem Auftrag auf sich hatte, Wandgemälde für das Stockholmer Rathaus zu gestalten. Fest steht jedenfalls, dass die Architekten in Eva Bonniers Stiftungsrat, Carl Westman und Ragnar Östberg, für Ågren als Gewinner des Wettbewerbs gestimmt hatten, als über das Trauzimmer gestritten wurde, weshalb es nur folgerichtig erscheint, dass Östberg, der ein paar Jahre später das Rathaus entwarf, sich mit einer Anfrage an ihn wandte. Das soll Anfang der zwanziger Jahre gewesen sein, als das Gebäude kurz vor seiner Fertigstellung stand. Wieder bildet eine Postkarte den Ausgangspunkt für die Legende, mit der stilvoll kurzgefassten Botschaft: »Reißt den Ziegelhaufen ab.«

Während der fünf Jahre, in denen der Erste Weltkrieg die Grenzen schloss, entwickelte sich Stockholm – die Stadt, die Häuser, das Wasser – zum bevorzugten Motiv der Künstler. Glotzend hockten sie in ihren Ateliers in Södermalm, wie Trottellummen auf einem Vogelfelsen, und malten alle die gleiche Aussicht auf das Wasser von Strömmen und Riddarfjärden, auch Olof Ågren. Der Krieg schien ihn zu ermuntern. Eine Reihe von Gemälden aus dieser Periode, von Södermalm und den Schären, bezeugen einen für seine Verhältnisse ungewöhnlichen Arbeitseifer. Er schrieb einmal: »Keiner möge mich beschuldigen, es am nötigen Ernst mangeln zu lassen. Nichts wäre weniger zutreffend. Im Gegenteil, ich bin ein viel zu ernster Mensch, um ein glücklicher Maler zu sein.« Ab dem Beginn des Ersten Weltkriegs gelingt es ihm jedenfalls erstaunlich gut, diese Schwermut zu verbergen. Sein kurzgefasstes Bekenntnis fährt fort: »Malerei ist Spiel. Dann ist sie am besten.« Seine Zeitgenossen berichten jedoch etwas ganz anderes: dass Ågren Höllenqualen durchlitt und vor lauter Selbstkritik fast starb, bis jedes noch so kleine Gemälde fertig war; dass er ständig kurz davorstand aufzugeben. Vielleicht sieht deshalb alles so leicht, so spielerisch aus, als gäbe es im Inneren dieses Mannes eine Heiterkeit, die er kaum zu tragen vermochte, die sich immer wieder Bahn brach wie jene Art von Verzweiflung, die man in der Regel (und sei es auch erst bei der Obduktion) im Herzen jedes bedeutenden Humoristen vorfindet. *Ausblick auf Riddarholmen* (1915) ist wie ein Volkslied. Selbst die kargen Felseilande am Rand des offenen Meers werden während des Kriegs ein wenig heller. Die Rotalgen in den feuchten Felssenken sind nun exakt so rosa, wie sie, an schönen Tagen, tatsächlich sein können. Eines seiner besten Gemälde aus den Schären, datiert auf 1917, tauchte vor ein paar Jahren von irgendwoher auf, in einem erbärmlichen Zustand, in einer Pfandleihe tief im Binnenland Nordschwedens.

47

Wir müssen etwas über Erich Wolfsfeld (1884–1956) sagen, den Meister; so nannte sie ihn Zeit ihres Lebens. Auch er war in einer preußischen Stadt geboren worden, die viel später von der Roten Armee mit großer Gründlichkeit in Schutt und Asche gelegt wurde und heute zu Polen gehört. Zwischen 1939 und 1945 sank ihre Einwohnerzahl von gut 3000 auf ungefähr 150 Menschen. Er war ein jüdischer Junge mit genügend Talent, um in der Kunstwelt eine hübsche Karriere hinzulegen. Sie kannten sich von früher, und als er dann 1920 Professor an der Unterrichtsanstalt des Kunstgewerbemuseums Berlin wurde, ersuchte sie darum, seine Schülerin werden zu dürfen. Durch seinen Blick für das Wesentliche ließ sie sich stark von Holbein und anderen, die er eingehend studiert hatte, beeinflussen, ehe die idiotische Logik des Ersten Weltkriegs ihn zwang, Dienst bei einer Spezialtruppe zu leisten, die mit der Ausbildung von Militärpolizeihunden betraut war. Für seine Leistungen im Heer wurde Wolfsfeld mit dem Eisernen Kreuz belohnt. Außerdem hatte der Krieg die Nebenwirkung, dass er seine Fähigkeit trainieren konnte, unter kärglichen Umständen schöpferisch zu sein, und mit und auf irgendetwas zu malen, was sich ihm gerade als Motiv anbot. So beherrschte er beispielsweise besser als die meisten die Kunst, marschierende Truppen bildlich festzuhalten, und praktizierte zeitweise die heute in Vergessenheit geratene Technik, mit Schuhcreme zu malen. Seine Radierungen von nackten Männern sind bis heute berühmt und strahlen eine maskuline Stärke aus, die den Verantwortlichen für die Kunstpolitik im Dritten Reich gefallen haben dürfte, was ihm aber aufgrund seiner Herkunft nicht half. Er wollte sein Land nicht verlassen, blieb, solange es ging, und floh erst kurz vor Kriegsausbruch 1939 nach England, nur um dort in einem Lager auf der Isle of Man interniert zu werden.

48

Ein Abenteurer war Ågren nicht. Eher war er wie ein Kind, wenngleich erwachsen, von dieser unbeschreiblich anstrengenden Sorte, die alles selbst kann und am besten weiß, in jeder Lebenslage, rund um die Uhr, und die das Lebensprinzip der Sturköpfigkeit mit Unterstützung von einsilbigen Vokabeln des Typs »Vergiss es«, »Nein, hau ab« und »Zieh Leine« gestaltet. Der ebenso wortkargen Literatur über Ågren lässt sich folglich auch entnehmen, dass sein Interesse an der großen Ausstellung in Östersund, als alles, was die Bewohner Jämtlands im Bereich der Kunst hervorgebracht hatten, präsentiert werden sollte, gen null tendierte. Das war 1920. Er interessierte sich nicht die Bohne für die Vorbereitungen. Irgendwie hatte man es trotzdem geschafft, ihn zur Teilnahme zu überreden, was angemessen erschien, da er schon damals der wohl bedeutendste Künstler aus dieser Region war, aber der Ausstellungskurator Anton Grenberg musste die Bilder, die hier und dort abgestellt waren, eigenhändig zusammensuchen und rahmen lassen. Der Künstler selbst fuhr lieber nach Italien und tauchte erst fünf Jahre später wieder auf.

49

Die schwedische Währung war stark, was eine gute Erklärung dafür ist, dass sich eine kleinere Armee schwedischer Künstler nach Italien begab, sobald der Krieg vorbei war. Die Sehnsucht, der Isolation zu entfliehen und hinauszukommen, war selbstverständlich auch von großer Bedeutung für die Migration in den Süden, aber Geld ist Geld. Wie ich ihn kenne, hätte Ågren die ganze Wegstrecke zwar auch zu Fuß zurücklegen und unterwegs in Scheunen schlafen können, aber das Geld erklärt wie immer das meiste. Er hatte in den zurückliegenden Jahren einiges verkauft. Ernest Thiel, der noch nicht völlig ruiniert war, hatte *Der Mondhof* (1917) gekauft, und dem Katalog zur Ausstellung in Östersund lässt sich entnehmen, dass zumindest ein Gemälde eine Leihgabe von einem Fabrikanten war. Es sollten bald mehr werden.

Richtige Ågren-Sammler gab es zwar noch nicht, jedenfalls nicht so fanatische wie später, aber er verkaufte genug, um sich eine Fahrkarte durch Europa über Berlin, Basel und Mailand in das Bergdorf Anticoli Corrado, knapp sechzig Kilometer nordöstlich von Rom, zu kaufen, wo er kleben bleibt wie an einer Fliegenfalle, denn diese Berge hatten etwas, dem er nicht widerstehen konnte. Von Menschen umgestaltete Berge, ein Häusergewimmel, steil aufsteigend, und terrassierte Weinberge. Ich habe etwa zwei Dutzend Gemälde aus Italien und Frankreich gesehen und sie zeigen fast ausnahmslos solche Bergansichten: San Gimignano, Siena, Val de Menton, Rochebrune. Diese Gemälde allein hätten schon ausgereicht, um diesem Mann einen Platz in der Kunstgeschichte zu sichern. Wenn er es nur gewollt oder es gewagt hätte.

50

Lotte Laserstein studierte fünf Jahre an der Unterrichtsanstalt des Kunstgewerbemuseums, aus der in dieser Zeit die Vereinigte Staatsschule für freie und angewandte Kunst hervorging. Erich Wolfsfeld sah ihre Begabung und vielleicht noch mehr; es gibt einige sehr intime Skizzen von seiner Hand, halb erotisch, auf denen sie unbekleidet auf einem Bett liegt. Sie kamen sich also möglicherweise näher, als es die Kunst verlangte, aber wo genau die Grenze verläuft, lässt sich selten leicht erkennen und ist im Nachhinein auch kaum von Interesse, erst recht nicht hier, außer vielleicht als eine Erinnerung daran, dass die Malerei noch lange eine Domäne der Männer bleiben sollte. Die Macht, das Geld. Lotte Laserstein verlor allerdings nie ein schlechtes Wort über ihren Lehrer, der sie schon bald in den Rang einer Meisterschülerin erhob, mit allem, was das für den unbegrenzten Zugang zu Material, Atelier und Modellen bedeutete. Einen stärkeren Mentor hätte sie sich nicht wünschen können. Medaillen in allen Ehren (die bekam sie auch), aber es waren die Privilegien der Lieblingsschülerin, die ihr Wege eröffneten, die ihr ansonsten verschlossen geblieben wären, und sei es auch nur aus finanziellen Gründen. Lotte wohnte noch bei ihrer Mutter. Ihr Kapital war ein kulturelles. Geld hatte sie keines. Vielmehr, sie besaß Millionen, aber die waren kaum etwas wert. Die Hyperinflation in der ersten Hälfte der zwanziger Jahre, die mit den beinharten Reparationsforderungen des Versailler Vertrags begann, erreichte ihren Höhepunkt erst, als ein Glas Bier fünf Milliarden Mark kostete. Ein Bier!

51

Stefan Zweig schreibt: »Welch eine wilde, anarchische, unwahrscheinliche Zeit, jene Jahre, da mit dem schwindenden Wert des Geldes alle andern Werte in Österreich und Deutschland ins Rutschen kamen! Eine Epoche begeisterter Ekstase und wüster Schwindelei, eine einmalige Mischung von Ungeduld und Fanatismus. Alles, was extravagant und unkontrollierbar war, erlebte goldene Zeiten: Theosophie, Okkultismus, Spiritismus,

Somnambulismus, Anthroposophie, Handleserei, Grafologie, indische Yoghilehren und paracelsischer Mystizismus. Alles, was äußerste Spannungen über die bisher bekannten hinaus versprach, jede Form des Rauschgifts, Morphium, Kokain und Heroin, fand reißenden Absatz, in den Theaterstücken bildeten Inzest und Vatermord, in der Politik Kommunismus oder Faschismus die einzig erwünschte extreme Thematik; unbedingt verfemt hingegen war jede Form der Normalität und der Mäßigung. Aber ich möchte sie nicht missen, diese chaotische Zeit, nicht aus meinem eigenen Leben, nicht aus der Entwicklung der Kunst.«

52

Der Erste Weltkrieg endete im November 1918, und als im Sommer darauf der Friedensvertrag von Versailles unterzeichnet wurde, war Olof Ågren auf dem Weg hinaus in die Welt. Diese Reise veränderte alles. Hätte es die Wanderjahre in südlichere Gefilde und die glücklichen Bilder nicht gegeben, die er damals malte, säße ich jetzt nicht hier. Wenn er aufgegeben hätte und zu Hause geblieben und schon damals, kurz nach dem Krieg, Bauer geworden wäre, hätte ich ihn womöglich doch früher oder später gefunden, wenn auch nur als ein Beispiel dafür, dass August Strindberg nicht der einzige Maler war, dessen innere Wetterkatastrophen sich in der windgepeitschten Wildnis der Inseln am Rand des offenen Meers widerspiegelten. Immerhin wird er in Sten Selanders Buch *Die*

Stockholmer Schären erwähnt, treffend mit Nietzsche als wahrscheinlicher Inspirationsquelle. Wie man die Sache aber auch dreht und wendet, seinen Stil hat er letztlich in Südeuropa gefunden, dort erschuf er die Kunst, für die er, wenn es noch so etwas wie Gerechtigkeit auf dieser Welt gibt, in Erinnerung bleiben wird. Ein paar Jahre nur. Dann war alles vorbei.

53

Er brach im Frühjahr 1919 auf und feierte im Herbst seinen fünfundvierzigsten Geburtstag. Gefühlt ist er so jung wie ein Student, genauso frei und offen für neue Eindrücke, als würde der Spaß erst jetzt so richtig losgehen. Irgendwann hatte er sich im toskanischen Siena niedergelassen, das in den nächsten zwei Jahren seine Basis bildete, und war natürlich schnurstracks zum Palazzo Pubblico gegangen, wo er, stumm vor Bewunderung, vor dem großen Freskenzyklus Ambrogio Lorenzettis (1290–1348) stehen blieb: eine ganze Wand, bedeckt mit einer Allegorie über die Kunst, eine Stadt zu regieren. Schlecht und gut. Ein Gewirr. Und natürlich ist es banal, dass sich hier alles zu einem Ganzen fügt, aber ich kann es nicht besser ausdrücken, und will es auch gar nicht, denn erst unter dem Einfluss der italienischen Malerei des frühen 14. Jahrhunderts beginnt er, mit seiner Kunst Geschichten zu erzählen. Abgesehen von den Brüdern Lorenzetti lernt er von Simone Martini, Duccio di Buoninsegna und natürlich Giotto (1266–1344), dem Nestor unter den Vorläufern der Renaissance. Weitere Namen könnten hier aufgezählt werden, sicherlich zwei Generationen von großen Malern der Schule von Siena, aber das überlasse ich den Kunstwissenschaftlern und beschränke mich darauf, die Zusammenhänge wie ein Passant von der Seite zu betrachten. Damit keiner denkt, ich verachte das tiefere Wissen, das mir selbst fehlt, möchte ich an die schönen Schlusszeilen in jenem Aufsatz über Olof Ågren erinnern, der in dem Buch *Schwedisches Künstlerlexikon* von 1967 erschienen ist: »Diese eigenwillige und in der schwedischen Kunst einzigartige Reihe einheitlich gemalter Bilder ist das Ergebnis der Begegnung eines ursprünglichen Malergenies mit einer Welt, die in selten gesehener Weise mit Ågrens Wesen übereinstimmte und darin tiefe Strömungen zum Leben erweckte. Und sie bilden den Höhepunkt in einem künstlerischen Werk von ungewöhnlich hohem Gehalt, das zwar nicht umfangreich ist, aber in jedem Gemälde eine Originalität und Echtheit von enormer Wucht und Brillanz ausstrahlt.«

54

Was Olof Ågren wirklich mit seinem Leben wollte, weiß ich nicht. Wie sollte ich auch; ich besitze ja nicht einmal einen richtigen Blick für mein eigenes. Ahne nur. Mit einer gewissen Sicherheit kann ich lediglich sagen, dass er sein Bestes gab, wenn er malte, was, wie gesagt, nicht jeden Tag vorkam. Ähnlich wie die meisten, die sich selbst als faul beschreiben, war er vermutlich bienenfleißig,

aber pingelig und wankelmütig genug, um beim lei-
sesten Rascheln in den hinteren Zuschauerreihen aufzugeben. In seinem Nachlass fand sich eine große Zahl
unvollendeter Werke, dazu solche, die eigentlich fertig
waren, die er aber dennoch sein Leben lang zu verbes-
sern suchte, und manchmal zerstörte.

55

Als er, kurz nach dem Erfolg in der Galerie Moderne, sechzig wurde, und im Begriff stand aufzubrechen, überreich-
ten ihm sein bester Freund Oskar Bergman und andere
Kameraden ein Geburtstagsgeschenk in Form einer Geld-
sammlung, mit der sie das schöne Gemälde *Nacht im Val de
Menton* aus den frühen zwanziger Jahren für das Nationalmuseum ankaufen wollten. Viel Geld, das er wahrlich ge-
brauchen konnte, sodass er sich freute und dankbar war,
glaube ich, aber dennoch bat, zunächst ein paar Korrek-
turen vornehmen zu dürfen. Was sollten sie sagen? Sie ließen ihn gewähren. Auch dieses Bild war bei seinem Tod,
fast dreißig Jahre später, noch in Flivik, arg ramponiert, genau wie das ungewöhnlich große Gemälde *Arholma im Wind*
(1906). Es landete später irgendwie bei dem Schärenmaler
Roland Svensson, und als dieser starb, bei mir. Aber erst
mein Freund, der Konservator, entdeckte die Pferde zwischen den Bäumen im Uferwald. Drei Pferde, schlampig
übermalt, wie in blinder Verzweiflung. Auch eine Erinnerung daran, wie schwer es ist zu erkennen, wo die Grenze verläuft, an der die Selbstkritik zu einer Krankheit wird.

Anfang der zwanziger Jahre verlobte Lotte Laserstein sich mit einem ungarischen Maler namens Pablo Vidor (1892–1991), der 1924 allerdings nach Chile emigrierte, wo er sich als grandioser Wandmaler durchschlug und später Leiter des Museo Nacional de Bellas Artes in Santiago wurde. Bloß eine Nebenfigur. Was man von Traute Rose (1904–1997) wahrlich nicht behaupten kann, ihrem Modell, dem sie in jenem Jahr begegnete, in dem Vidor verschwand. Ihre erste Begegnung fand in der Suppenküche der Quäkerhilfe statt. Traute arbeitete dort und Lotte kam direkt zur Sache und fragte sie, ob sie sich vorstellen könne, Modell für sie zu sitzen. Es war der Beginn einer lebenslangen Freundschaft. Bis weit ins hohe Alter ist Traute Rose auf Lasersteins Gemälden und Skizzen abgebildet. Während der Glanzphase um 1930 war sie von so zentraler Bedeutung für die Malerei, wie es kaum ein Modell oder eine Muse jemals gewesen sein dürfte. Ihr athletischer Körper und ihre androgyne Ausstrahlung wurden zu einem Sinnbild für die moderne Weiblichkeit, die sich wie eine Flutwelle Bahn brach, als die Kaiserreiche Europas untergingen und die Korsetts abgelegt wurden.

57

Noch einmal Stefan Zweig: »Die Mädchen ließen sich die Haare schneiden, und zwar so kurz, dass man sie in ihren ›Bubiköpfen‹ von Burschen nicht unterscheiden konnte, die jungen Männer wiederum rasierten sich die Bärte, um mädchenhafter zu erscheinen, Homosexualität und Lesbierinnentum wurden nicht aus innerem Trieb, sondern als Protest gegen die althergebrachten, die legalen, die normalen Liebesformen große Mode. Jede Ausdrucksform des Daseins bemühte sich, radikal und revolutionär aufzutrumpfen, selbstverständlich auch die Kunst.« Lotte und Traute liebten sich. Wer möchte, kann eine Weile darüber spekulieren, in welcher Weise. Aber das spielt keine Rolle. Berlin ist Berlin, und die zwanziger Jahre waren ein offenes Fenster. Aber arm waren sie natürlich auch.

58

Anfang 1923 versuchten Frankreich und Belgien die europäische Schuldenkrise zu lösen, indem sie das Ruhrgebiet besetzten, als wäre der Krieg nicht längst vorbei. Laut Versailler Vertrag sollte Deutschland die Reparationszahlungen in Goldmark leisten, eine unfassbar hohe Summe, ursprünglich bis zu hunderttausend Tonnen Gold, aber solche Reichtümer existierten schlichtweg nicht, und deutsches Papiergeld wollte keiner haben. Also entsandte man Truppen an die Ruhr, um zumindest feste Werte in Form von Kohle, Stahl und anderen Industrieprodukten sicherzustellen. Es kam dabei jedoch wenig mehr heraus als Streiks und Menschenaufläufe in den Straßen und eine verschärfte Hyperinflation. Das Land befand sich im freien Fall. Und in Berlin tanzte, trank und liebte man, als wäre jeder Tag der letzte. Erst als die USA zwei Jahre später eine drastische Senkung der Reparationszahlungen durchsetzten, kam Deutschland langsam wieder auf die Beine. In welche Richtung diese Beine tragen würden, wusste damals noch keiner. Die zweite Hälfte der zwanziger Jahre war so gesehen eine glückliche Zeit voller Hoffnung.

59

Man kann berechnen, wie viele Gemälde es von Ågren gibt. Die Methode dazu erinnert an jene, die man in der ökologischen Forschung benutzt, um die Größe von Tierpopulationen zu ermitteln. Man benötigt lediglich einige Ziffern und eine Formel ähnlich der, die ich vor langer Zeit einmal anwandte, als ich beabsichtigte, Biologe zu werden und es deshalb, als Teil meines Studiums, auf mich nahm, die Größe einer Population von Rapsweißlingen zu berechnen, eine Art weißer, ziemlich einfältiger und vor allem sehr weit verbreiteter Schmetterlinge. Die Veranstaltung lief unter der Bezeichnung ›Spezialarbeit‹ und fand auf einem großen Feld am See Krankesjön in Schonen statt, wo schier unglaubliche Mengen von Schmetterlingen dieser Sorte flatterten. An einem schönen Vorsommertag fuhr ich von Lund aus mit dem Fahrrad dorthin, bewaffnet mit einem Schmetterlingsnetz und einem roten Filzstift. Vor Ort begann ich, alle Rapsweißlinge zu fangen, die ich sah, und bevor ich sie wieder freiließ, malte ich einen roten Punkt auf die Unterseite des einen Hinterflügels. Einen halben Tag lang lief ich wie ein Idiot auf diesem weitläufigen Feld hin und her, denn ich war jung und stark und brachte genügend Interesse mit, um davon abzusehen, wie lächerlich das Ganze ausgesehen haben muss. Anschließend radelte ich heim und wiederholte das Manöver am nächsten Tag, allerdings mit dem Unterschied, dass ich mir nur notierte, wie viele Schmetterlinge mit einem roten Punkt markiert waren und wie viele nicht. Diese beiden Summen, an der richtigen Stelle in eine Formel gesteckt, ergaben dann die Gesamtgröße der Population. Simpel. Die Arbeit erhielt die Note *mit Auszeichnung bestanden.* In letzter Sekunde gab ich auf; ein richtiger Biologe wurde nie aus mir, aber ich bekam dennoch einen gewissen Respekt für Fakten in Form von Statistiken.

60

Da Ågren in den dreißiger Jahren in Mode kam, just als er aufhörte zu malen, konnte man sich ungefähr zwei Jahrzehnte lang damit rühmen, eines seiner Gemälde zu besitzen. In der Buchreihe *Die Kunst in schwedischen Häusern,* die während des Zweiten Weltkriegs in vierundzwanzig Teilen veröffentlicht wurde, und detailliert weit mehr als tausend private Kunstsammlungen auflistet, sind insgesamt zweiundachtzig Ölgemälde und Aquarelle von seiner Hand verzeichnet, was bei mir den Verdacht nährt, dass seine Produktion möglicherweise doch nicht so klein war, wie er selbst und viele Sammler geltend machen wollten. Mit der Zeit entdeckte ich allerdings, dass immer die gleichen Bilder in Ausstellungskatalogen, Zeitungsartikeln, Briefen und Sammlungen auftauchten. Von den äußerst wenigen Bildern, die auf Auktionen verkauft werden, zwei, drei Stück pro Jahr vielleicht, erweisen sich deshalb auffallend viele als vertraut. Manche sind natürlich echte Überraschungen, wie das kleine Gemälde vom Pont Neuf, aber bei den meisten anderen ist mir bekannt, in welchen Ausstellungen sie gezeigt wurden, und wer ihre Besitzer gewesen sind. Deshalb bin ich überzeugt, dass ein routinierter Statistiker ausrechnen könnte, wie viele Bilder es insgesamt ungefähr gibt. Alles, was es dazu braucht, ist eine Formel. Ein paar Hundert. Mehr dürften es nicht sein.

61

Ein Klassiker auf dem Gebiet der Statistik ist das *German Tank Problem*. Das Problem besteht in aller Einfachheit darin, auszurechnen, wie viele Panzer vom Typ Panther die Deutschen pro Monat produzieren konnten, als der Krieg Anfang der vierziger Jahre in vollem Gange war. Diverse Spione auf dem Kontinent versorgten die Alliierten mit haarsträubenden Berichten, nach denen die Produktion tausend oder gar zweitausend Panzer im Monat umfasste, und solche Zahlen konnte man sich politisch bestimmt genauso zunutze machen wie die vielen Berichte über sowjetische U-Boote in den Stockholmer Schären, die in den achtziger Jahren eine regelrechte Massenpsychose auslösten. Die Militärs im Zweiten Weltkrieg wollten es jedoch genau wissen. Und da die Deutschen nun einmal deutsch sind, hatten sie die Schaltungen ihrer Panzer mit fortlaufenden Seriennummern versehen, was statistische Berechnungen eleganten Stils ermöglichte. Und so sammelten die Engländer und andere die Seriennummern aus eroberten Panzern und stopften diese anschließend in eine ziemlich komplizierte Formel, und als die Menge des in sie eingegeben Zahlenmaterials wuchs, spuckte sie schließlich die Ziffer 256 pro Monat aus. Nach dem Krieg erhielt man die Auflösung des Rätsels, denn man gelangte in den Besitz der deutschen Archive, denen sich entnehmen ließ, dass der Produktionstakt von Panzern des Typs Panther pro Monat im Durchschnitt bei 255 Stück lag. Bedauerlicherweise hat Hollywood Spione und deren Geschichten immer mehr gemocht als Statistiker.

62

Lotte Lasersteins Werk ist unüberschaubar groß. Bis 1937, als sie sich in Schweden niederließ, ist die Produktion eng begrenzt und heute erstaunlich gut dokumentiert. Es handelt sich um insgesamt rund dreihundert Gemälde und darüber hinaus etwa hundert Zeichnungen. Regelmäßig tauchen neue Funde auf, denn Deutschland ist ein Dschungel, voller Geheimnisse, was im Großen und Ganzen jedoch nichts an der Einschätzung einer anspruchsvollen Künstlerin ändert. Aber später, im Exil, schuf sie während eines guten halben Jahrhunderts viele Tausend Porträts, Landschaften, Drucke und Skizzen; manchmal gute Arbeiten, gewiss, häufiger allerdings nicht. Niemals habe ich eine Malerin oder einen Maler ihres Kalibers so blindlings und tief in die bodenlose Grube der süßlichen Pastelle fallen sehen. Wenn sie verrückt geworden wäre, man hätte es ihr verziehen. Aber sie wurde nicht verrückt. Im Gegenteil. Keiner sah den Verfall besser als sie selbst. Traurig, natürlich, aber deshalb aufzuhören gehörte nicht zu ihrem Repertoire. Immerhin gab es Erklärungen dafür, warum alles so kam, wie es kam; auch sie waren traurig, allerdings nicht alle. Es ist eine lange Geschichte.

63

Ågren durch Schweden zu folgen, ist schon schwierig genug, aber in Italien wird es noch schlimmer. Es erscheint grundsätzlich sinnlos zu versuchen, seine Reiseroute zu rekonstruieren. Er trieb sich herum. Männer wie er taten das nun einmal, und nichts ist leichter, als sie im Nachhinein in sorglose Vagabunden zu verwandeln, die mit erhabener Souveränität auf den Landstraßen wandeln, die Staffelei über der Schulter, auf der Suche nach Schönheit. Doch davor werden wir uns hüten. Das Wort Schönheit nimmt Ågren ein einziges Mal in den Mund, als er erklärt, »Schönheit« gehöre nicht zu seinem Wortschatz. Natürlich war die Landschaft dennoch schön und ich glaube, er fühlte sich wohl. Die Bilder deuten darauf hin, die aus Siena, San Gimignano und anderen Orten in der Toskana. Seinen Briefen in die Heimat, an Oskar Bergman, lässt sich entnehmen, dass er in Assisi, Venedig, Padua, Bologna, Pompeji ebenso Station machte wie natürlich in Florenz und den umliegenden Dörfern, Fiesole und Settignano, wo es vor schwedischen Künstlern nur so wimmelte. Denen er aus dem Weg ging. Nach einer gewissen Zeit erhielt er jedoch Gesellschaft von dem ebenso exzentrischen Bertil Bull Hedlund, einem Grafiker aus Falun, und die beiden verstanden sich offensichtlich gut. Ågrens Porträt von Hedlund, 1921 in Siena gemalt, befindet sich heute in Prinz Eugens Waldemarsudde.

64

Es gibt auch eine Radierung. Eine einzige. Bekannt ist sie in einem einzigen Exemplar, aus Venedig, von Ågren spät im Leben signiert, und datiert auf 1920. Es ist ein kleines, krakeliges Ding, das niemanden froh macht. Aber Ågren versuchte sich immerhin an dieser Technik, um hinterher den wohlbegründeten Entschluss zu fassen, damit nicht weiterzuarbeiten. Das war nichts für ihn. Der Renaissancemeister Vittore Carpaccio entspricht dagegen ganz seinem Geschmack, vor allem ein Tafelbild aus dem letzten Jahrzehnt des 15. Jahrhunderts, das ihm im Museo Correr an der Piazza San Marco in Venedig ins Auge fällt, und auf dem zwei apathische Frauen mit lustigen Mützen, ein Pfau, Tauben, ein Schoßhund und ein größeres Vieh unbestimmter Art mit geisteskrankem Blick abgebildet sind, gefällt ihm. »Wirkt lange nach«, notiert Ågren und malt anschließend ein eigentümliches Doppelporträt von Britt von Zweigbergk und Einar Jolin vor dem Hintergrund des besagten Markusplatzes. Die beiden waren damals frisch verheiratet und hatten regen Kontakt zu Ågren. Wahrscheinlich war er doch nicht so menschenscheu, wie die Legende geltend machen möchte. Und auch nicht so demonstrativ desinteressiert an den weltlichen Ereignissen, die seine Epoche prägten. Im Januar 1921 schreibt er aus Siena an Oskar Bergman: »Die etruskische Urbevölkerung ist wie üblich so ziemlich von allen guten Geistern verlassen. Die Sozialisten schießen auf die Faschisten und die Faschisten schießen und spucken – du weißt ja, dass die Italiener spucken können – auf die Sozialisten und zünden ihre Gewerkschaftshäuser an und jetzt streiken diese, bis sie für den Schaden entschädigt werden. Alles steht still, Eisenbahn, Post, Straßenbahnen und elektrisches Licht.«

65

Was macht ein Bild, das so den Betrachter fesselt? Welche Art von Hunger weckt es in ihm? Die Frage ist so alt wie die Malerei selbst, übermächtig komplex, und die Antworten darauf vermehren und verändern sich im Laufe der Zeit. Jenseits reiner Selbstbefragung verläuft man sich leicht. Der Fall Ågren bildet da keine Ausnahme. Dennoch wage ich zu glauben, dass er wie viele andere Männer nie ganz erwachsen wurde und ihn deshalb das Spiel lockte. Das Komische, Burleske. Die Kunstwissenschaftler, die für jeden Einteilungen und Zuordnungen brauchen, nennen ihn einen naiven Maler. Würde ich mich ihnen anschließen, er würde sich in seinem Sarg auf dem Friedhof in Misterhult umdrehen. Ich verzichte lieber ganz auf eine Festlegung. Dieser total verrückte Hund und diese absurde Stimmung auf Carpaccios Gemälde sagen mir nur, dass für ihn das Lächeln wichtig war, sein eigenes.

66

Das Porträt von Britt von Zweigbergk und Einar Jolin landete später auf diversen Umwegen im Moderna Museet in Stockholm, in irgendeinem entlegenen Depot natürlich, aber immerhin. Dort befanden sich im Übrigen fünf weitere Werke Ågrens, einschließlich einer italienischen Landschaft, die nun seit Langem in der schwedischen Botschaft in Rom hängt. In den Sammlungen der Museen ist er generell gut vertreten, wie so viele andere, die irgendwann einmal in Mode waren. Im Kunstmuseum Västerås befinden sich drei Gemälde, und die Museen in Göteborg, Norrköping und Eskilstuna besitzen auch jeweils eins. Waldemarsudde hat, wie gesagt, das Porträt von Bertil Bull Hedlund, und im Keller unter der Thielska Galleriet fand ich das schöne Bild *Der Mondhof*. Des Weiteren besitzt die Stadt Stockholm eines der Bilder vom Mosebacke torg (1928), auf dem der Wasserturm des Architekten Ferdinand Boberg zu sehen ist, und beim Staatlichen Kunstrat gelang es nach einiger Suche, das älteste bekannte Schärenmotiv zutage zu fördern, 1903 signiert. Ich habe all diese Bilder gesehen und Gespräche mit einer Reihe verblüffter und manchmal auch verlegener Museumsdirektoren geführt, die, ausnahmslos, noch nie von Olof Ågren gehört hatten. Das einzige Museum, das sein Werk wertschätzt, wie es seine Kunst verdient hat, ist das Provinzmuseum in Östersund, Jamtli, und dorthin gelangte auch vor zehn Jahren, aufgrund einer großzügigen Schenkung der Nichte Ågrens, sein Nachlass. Skizzen, Zeichnungen und unvollendete Werke, aber auch einige seiner schönsten Gemälde. Eine großartige Sammlung.

<h2 style="text-align:center">67</h2>

Nun ja, eigentlich will ich mich wohl bloß an mich selbst erinnern, oder mich wie unter einer Lupe betrachten. Warum sollte ich mich sonst immer nur an verirrte Verlierer halten? Mir kommt es manchmal so vor, als wäre ich eher auf der Jagd nach Linderung und Vorbildern als nach Bildern, in gewissem Sinne traurigen, die einem sagen, dass das Scheitern unausweichlich ist, das Leben aber trotzdem weitergeht. Meine eigene Kunstsammlung mag dekorativ und voller verborgener Erzählungen sein, aber sie ist vor allem eine Galerie der Vergessenen. Jeden Morgen begegne ich dem wehmütigen Blick eines in die Jahre gekommenen Mannes mit einem beeindruckenden Gabelbart, gemalt von einem unbekannten Künstler in den sechziger Jahren des 19. Jahrhunderts. Sein Name ist Gaston Planté, ein französischer Wissenschaftler, der in seiner Jugend wie besessen in einer Kiesgrube vor den Toren von Paris grub und dort schließlich die versteinerten Reste eines seit Jahrmillionen ausgestorbenen

Riesenvogels fand, der kurz darauf den Namen *Gastornis parisiensis* erhielt. Später, 1859, ergab es sich dann, dass Gaston Planté, der Beschützer meiner Vormittage, die erste Autobatterie erfand. Das ist wahr. Die bulgarische Akademie der Wissenschaften hat zu seinen Ehren eine Medaille prägen lassen, die manchmal, nicht jedes Jahr, an verdienstvolle Forscher in der dynamischen Blei-Säure-Batteriebranche verliehen wird. Sein Blick sagt alles.

68

Manchmal reicht eben schon ein Blick: wie an jenem Tag vor Jahren, als ich mich auf einer Trödelauktion in einem Hafenspeicher herumtrieb und mein Blick auf das Bild eines kleinen Mädchens mit einer Mütze wie eine blaue Glockenblume an einer Staffelei fiel. Es war eher eine Skizze, Öl auf Reispapier, gemalt von einer mir gänzlich unbekannten Frau namens Lotte Laserstein. Ich blieb vor diesem Bild stehen, das nicht viel kosten sollte, und was mich fesselte, war der Blick des Mädchens, seine Konzentration, denn mir selbst fällt es nicht selten unglaublich schwer, mich zu sammeln und meinen flackernden Blick zu fixieren, sodass ich für jede Unterstützung dankbar bin. Wenn sie es kann, dann kann ich es auch, lautete mein simpler Gedanke, und später hing das Bild dann in meinem Arbeitszimmer, neben Gaston Planté, und mit der Zeit begann ich zu erforschen, was diese Laserstein eigentlich sonst so gemacht hatte.

Die Briefe an Oskar Bergman, den besten Freund Ågrens, die irgendwo sein mussten, das wusste ich, fand ich nach jahrelanger Suche in einer Familientruhe, bei einer älteren Dame in Linköping, einer Nichte von Ågrens Ehefrau. Es waren zweiundvierzig Stück, verschwommene Kopien. Diese Briefe bringen einem vielleicht nicht viel, öffnen aber doch ein Fenster dazu, wie die Mythenbildung um den Künstler funktionierte. Man findet darin die Anekdoten, die geflügelten Worte wie das Bonmot über das Rathaus: »Reißt den Ziegelhaufen ab!« Tatsächlich stellte sich nämlich heraus, dass Ågren sich über Ragnar Östbergs Anfrage gefreut hatte und sich mit großem Arbeitsaufwand den Skizzen zu diesem Gewölbe widmete, sowohl in Siena als auch später in Menton. Es wollte ihm nur einfach nicht gelingen, sie zu vollenden. Er war nicht zufrieden und gab schließlich auf. Noch im Oktober 1922 schrieb er: »Es ist wirklich ärgerlich, dass ich die Skizzen für das Rathaus nicht in einer Form vorliegen habe, die so ist, dass ich sie Ihnen zuschicken könnte.« Sie sind nicht mehr. Und natürlich kann er das mit dem Ziegelhaufen gesagt oder sogar geschrieben haben, denn er beherrschte die Kunst, sich markig auszudrücken, als wollte er so eine Mauer um sich herum errichten, aber das ändert nichts an den Tatsachen. Wenn ich Einar Forseths Mosaiken im Goldenen Saal des Stockholmer Rathauses sehe, wird mir jedes Mal bewusst, dass nur Zufälle Ågrens Ruhm im Weg standen, der, wiederum, so glaube ich jedenfalls, alles verändert hätte.

Im gleichen Jahr hält Ågren sich plötzlich, nur kurz, in Paris auf: »Gerade kam eine Gestalt, die ich noch nie gesehen habe, und setzte sich an meinen Tisch im Dôme, wo ich mit meinem Café noir sitze. Er sagte, er heiße Henning und sei ein vielversprechender Bildhauer. Er hat es schon so weit gebracht, dass er Grünewald als Skulptur in Bronze gestalten und zu Fritzes Kunsthandel schicken durfte. Er wollte wissen, ob ich Maler sei, was ich verneinte, ich gestand ihm aber, dass ich in meiner Freizeit ein wenig malte. Weiter, ob ich damit meine Existenz bestreiten würde, woraufhin ich antwortete, ich existiere überhaupt nicht. Wie du hörst und verstehst, ein Bursche, der es noch weit bringen wird.« Das tat er nicht. Wenn ihn heute noch jemand kennt, dann bestenfalls wegen einer ein Flusspferd darstellenden Granitskulptur im Besitz des Moderna Museet. Edvard Wilhelm Henning, geboren 1899, war im Übrigen nur zwei Monate älter als Ernest Miller Hemingway, der oft im selben Café saß, just zu dieser Zeit, 1922. Und es ärgert mich, dass es Henning war, und nicht Hemingway, der Ågren bei seinem Nachmittagskaffee im Le Dôme am Boulevard Montparnasse störte. Man kann nicht alles haben.

Von einer Kunsthistorikerin in Berlin erfuhr ich, dass das Mädchen an der Staffelei in den dreißiger Jahren gemalt worden war, vor Lasersteins Flucht nach Schweden, als die Nationalsozialisten ihr verboten hatten, ihre Kunst öffentlich zu zeigen. Sie durfte nicht einmal Leinwände kaufen, nur Papier, und um ein wenig Geld zu verdienen, unterrichtete sie in einer Malschule für jüdische Kinder. Wahrscheinlich war das Mädchen an der Staffelei eine der Skizzen, die 1937 in der Galerie Moderne ausgestellt wurden. Das Mädchen half mir wirklich, wenn ich mich auf etwas zu konzentrieren versuchte, aber das war auch schon alles, jedenfalls bis zu jenem Tag, an dem ein Journalist von Radio Stockholm mein Versteck besuchte und anfing, Fragen danach zu stellen, woher sie eigentlich kommen, all die Geschichten, woraufhin ich das Übliche sagte, über den Zufall. Gaston Planté, zum Beispiel, erfand die Autobatterie, sagte ich mit einer Geste zu dem Mann mit dem traurigen Blick, und das Mädchen mit der blauen Kappe hat Lotte Laserstein gemalt. Sagte ich. Das war alles. Ich hörte mir das Interview nicht an, aber zwei Tage später rief mich ein Mann aus Kalmar an und erzählte, sein Bruder sei am Vortag mit dem Auto auf Öland unterwegs gewesen und habe dabei zufällig ein Rundfunkinterview gehört, in dem ich den Namen Lotte Laserstein erwähnt hätte. Der Programmbeitrag war offensichtlich an lokale Rundfunksender weiterverkauft worden. Wollen Sie ihre Geschichte erzählen? Schon möglich, antwortete ich. Kommen Sie her, sagte er. Sie war eine Freundin von mir. Ich weiß alles. Der Zufall. Zwei Tage später reiste ich nach Kalmar. Und betrat eine der schönsten Kunstsammlungen, die ich je gesehen hatte.

72

Ågren verließ Italien und schlug sein Basislager stattdessen in Menton in der Provence auf, zunächst im Val du Carei, einige Kilometer landeinwärts, und in den Jahren bis 1927 an einer Reihe verschiedener Adressen in den umliegenden Tälern. Er mietete sich in einfacheren Unterkünften an steilen Hängen zwischen den Weinbergen ein, zeitweise zusammen mit Bertil Bull Hedlund und Dick Beer, aber die meiste Zeit allein. Viel zustande brachte er nicht. Wobei diese Phase in Relation zu seinem sonstigen Schaffen dennoch als eine seiner produktivsten betrachtet werden muss. Von Zeit zu Zeit schickte er eine Rolle nach Hause, Bilder, die Bergman verkaufen sollte, oder zumindest versuchen durfte, sie zu verkaufen. Zu dieser Zeit tauchten auch die ersten Ågren-Sammler auf: Rechtsanwälte, Ärzte, Architekten; wohlhabende Männer, ein wenig eigen.

73

Geschichten gibt es zuhauf. Man muss ein bisschen suchen, aber es gibt sie, und sie können durchaus amüsant sein; Hauptsache, man schenkt ihnen keinen Glauben. So taucht Ågren zum Beispiel in einer Biografie über Bertil Bull Hedlund auf; ein stilvoller Auftritt, zweifellos: »Die Begegnung mit Ågren in Siena war bedeutsam und er wurde es niemals leid, diesem so eigensinnigen Malerphilosophen und Einzelgänger zu lauschen, der die Auffassung vertrat, dass es ein Privileg sei, malen zu dürfen.« Die Baisermasse scheint im Mund aufzuquellen; schon auf der nächsten Seite stellt sich schleichende Übelkeit ein. »Die auf der Reise nach Italien gewonnenen Eindrücke reiften während des sommerlichen Aufenthalts im Heimatland, und als Bull im Herbst des gleichen Jahres mit seiner Familie ins Ausland reiste, blieb er nicht in Paris, sondern fuhr an die Riviera, wo er erneut mit Ågren zusammentraf. Damit begann eine glückliche und harmonische Zeit, in der die beiden gemeinsam versuchten, die Lehren aus Italien in ihrer Malerei umzusetzen. Sie wollten moderne Motive mit der Sichtweise und dem Farbgefühl der Alten malen. Sie bewunderten an ihnen das Schlichte, die Monumentalität und die architektonische Festigkeit. Die kleinen, schematisch vereinfachten Häuser findet man immer wieder in den Gemälden Ågrens und Bulls aus jener Zeit. Das Kolorit wird erleuchtet von sattem Rot und Schwefelgelb in den Häuserwänden und der Kleidung der Figuren, und der Inhalt konnte zuweilen naiv erzählend werden, wie etwa in Olle Ågrens Schilderung des ›Erdbeben in Castillon‹. In lebhaften Diskussionen fanden die beiden einen gemeinsamen Stil, der jedoch genügend Spielraum für beider Individualität ließ.« Alle nannten ihn Olle. Auch er selbst, fast immer. Ich habe es versucht, aber es geht einfach nicht. Ich weiß nicht, warum.

Der Malerphilosoph. Was für ein absolut einmaliger Humbug! Ågren war nie und nimmer ein Philosoph. Über seine Malerei tat er lediglich kund, dass sie im Großen und Ganzen sinnlos sei, es an guten Tagen jedoch Spaß mache, sich mit ihr zu beschäftigen. An den übrigen Tagen, und folglich den meisten, sei es die Hölle. Wenn jene, die seinen Namen erwähnten, trotzdem darauf beharrten, ihn einen Philosophen zu nennen, lag es, glaube ich, daran, dass er stark und hartnäckig genug war, um die Einsamkeit zu ertragen, dass er wortkarg, sehr alt, seltsam und pleite war. Sowie ein Mann, natürlich. Das genügte. Nichts deutet darauf hin, dass er sonderlich philosophisch veranlagt gewesen wäre, obwohl er durchaus belesen war und gelegentlich eine ganze Weile darüber fluchte, wie schlecht die schwedischen Übersetzungen von Dickens und Flaubert im Vergleich zu den Originalen seien. Außerdem bat er Oskar Bergman manchmal um Bücher, allerdings populärwissenschaftliche Werke über Astronomie, was immer er damit bezweckte. Auch die *Prophezeiungen des Nostradamus* waren darunter, was nun wirklich nicht auf größeren Tiefsinn schließen lässt. Ein Hobbymystiker war er, kaum mehr, typischerweise der festen Überzeugung, dass sich jegliches Elend mit homöopathischen Pillen kurieren lässt. Wahr ist allerdings, dass *Das Erdbeben in Castillon* (1925) etwas ganz Besonderes ist.

75

Die deutsche Luftwaffe habe, heißt es gelegentlich, in der Anfangsphase des Krieges versucht, die Franzosen dadurch zu demoralisieren, dass sie Flugblätter mit ausgewählten Passagen aus den *Prophezeiungen des Nostradamus* abwarf, genauer gesagt solche, die in einer großzügigen Deutung ankündigten, dass Hitler schon bald die ganze Welt gehören würde. Das entspricht vermutlich nicht der Wahrheit. Zwar ist diese Orgie ein Aberglaube, deren größtes Verdienst ihr Alter ist, so beschaffen, dass man mit etwas Fantasie praktisch alles in sie hineinlesen kann, und es stimmt ebenfalls, dass die Nationalsozialisten ein Pamphlet in französischer Sprache verfassten, in dem unserem guten Nostradamus Raum geboten wurde, das eine oder andere über diesen Krieg zu prophezeien, aber die Flugblätter scheinen mir erfunden. In meinen Ohren hört es sich nach einer dieser typischen, nachträglich zusammengereimten Anekdoten an, die mit Fakten nicht zu belegen sind. Wenn es um gute Geschichten aus dem Zweiten Weltkrieg geht, gehe ich grundsätzlich davon aus, dass sie nicht zutreffen. Erst danach lasse ich mich gelegentlich von ihrem Wahrheitsgehalt überzeugen.

76

Nichts wäre an dieser Stelle natürlicher gewesen, als sich eine Weile in kunstgeschichtliche Studien zu vertiefen, aber ich denke, das sollten wir vermeiden. Lassen Sie

uns lediglich festhalten, dass Lotte Laserstein das Glück
auf ihrer Seite hatte, als sie im Alter von achtundzwanzig Jahren die Hochschule verließ, um sich in Berlin als
freie Künstlerin durchzuschlagen. Der wildwüchsige
Expressionismus hatte seinen Zenit überschritten, genau wie andere modernistische Strömungen, die sich im
Licht der Höllenfeuer des Ersten Weltkriegs entfaltet hatten. Wie immer zwei Schritte vor und einer zurück. Nun
interessierte sich das Publikum für die Richtung, die
man später Neue Sachlichkeit nannte. Die Wurzeln. Das
Handwerk. Die Hyperinflation war vorbei und Adolf Hitler hatte zwar schon sein umfangreiches Pamphlet *Mein
Kampf* veröffentlicht, war aber vorerst noch ein unerheb-
licher Populist, als Lotte im Mai 1927 ein großes Atelier
in der Friedrichsruher Straße im Stadtteil Wilmersdorf
bezog. Sie behielt es bis in die Mitte der dreißiger Jahre
und hier, unter dem milden Großstadthimmel der spä-
ten Weimarer Republik, sollten ihre bedeutendsten Werke entstehen. Nur ein paar Jahre blieben ihr, ehe alles
schon wieder vorbei war. Allein die Selbstporträts!

77

Im April 1923 schreibt Ågren aus Menton an Bergman:
»Im Übrigen ist es schrecklich, wie schwer es einem fällt
zu arbeiten. Woran auch immer es liegen mag. Vermutlich ist man zu alt. Früher war man zu jung. Irgendetwas ist immer verkehrt.« Am 26. November 1924, lange
Zeit hatte keiner von ihm gehört, stellt sich heraus, dass

Selbstportrait mit Katze, 1928, Öl auf Holz, 61 × 51 cm,
The Swedish Youth Aliyah Committee
(Foto: © New Walk Museum and Art Gallery, Leicester)

Abend über Potsdam, 1930, Öl auf Holz, 111 × 205 cm,
Neue Nationalgalerie, Staatliche Museen zu Berlin.
(Foto: © Roman März 2010/bpk Bildagentur)

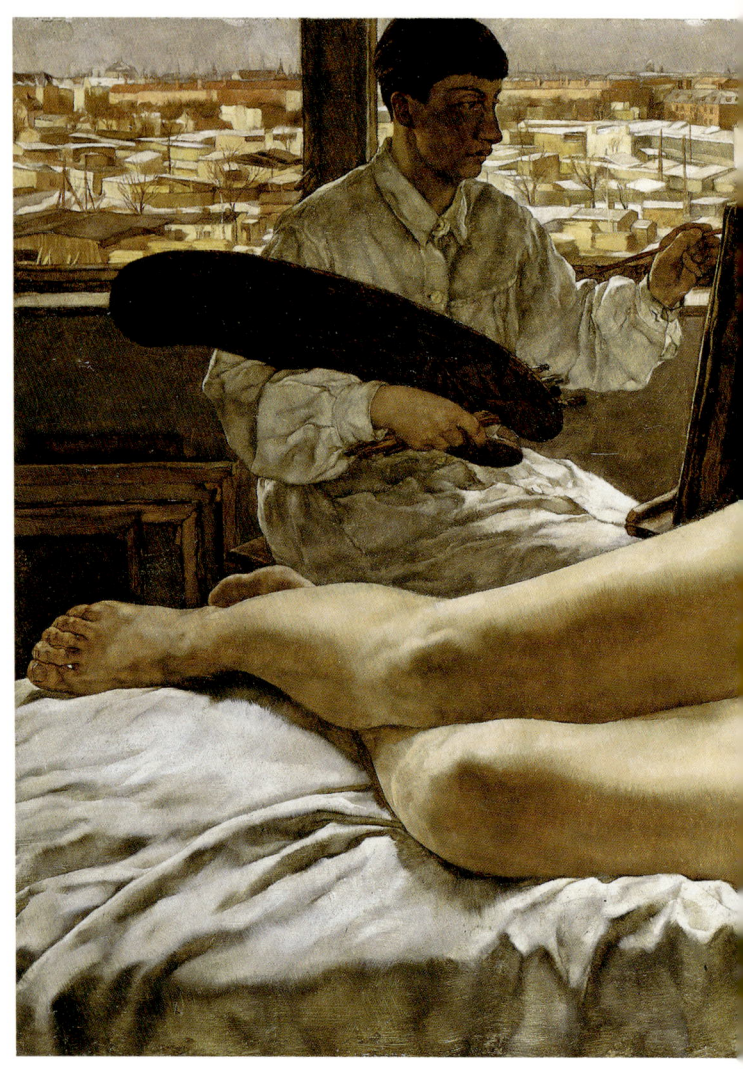

In meinem Atelier, 1928, Öl auf Holz, 46 × 73 cm,
The Swedish Youth Aliyah Committee
(Foto: © Laserstein-Archiv Krausse, Berlin)

Sitzender Rückenakt, 1930, Öl auf Leinwand, 70 × 56 cm,
The Swedish Youth Aliyah Committee
(Foto: © Karen Bartsch, Berlin)

Junge Malerin, 1936/37, Öl auf Reispapier, 60 × 48 cm,
The Swedish Youth Aliyah Committee
(Foto: © Fredrik Sjöberg)

er auf Wanderschaft gegangen ist, und zwar von Pisa bis nach Neapel hinunter, und danach über Foggia, Bologna und Piacenza zurück nach Menton. »Feiere heute meinen Fünfzigsten. Schrecklich! Caruso, der Kater: frech, unhöflich und verlaust. Es regnet. Scheiße.« Und abschließend: »P.S. Ich werde meinen Namen ändern und mich Nilsson nennen. Mein Alter hieß Nils.« Die Gemälde dieser Jahre sprechen eine völlig andere Sprache. Er hat den Gipfel seines Könnens erreicht. Außerdem bekommt er allmählich einflussreiche Fans. Wollte er deshalb seinen Namen ändern? Erik Wettergren, der spätere Intendant des Königlich Dramatischen Theaters und Direktor des Nationalmuseums, schrieb in jenem Sommer einen langen Artikel über eine Ausstellung in Paris; Grünewald, von Dardel, Ågren. Und obwohl er auch die beiden erstgenannten zu schätzen weiß, ist es Ågren, der ihn zu einer Lobeshymne ansetzen lässt: »Nichts von dem, was ich bisher erwähnt habe, hinterließ bei mir jedoch den stärksten Eindruck. Dies blieb einem von denen vorbehalten, die sich so selten in Erinnerung rufen, dass man jedes Mal aufs Neue überrascht ist, wenn man ihnen erneut begegnet.« Wettergren ist es auch, der da und dort das Geraune über eine Einzelausstellung einleitet, bis zu der noch fast zehn Jahre vergehen sollten. Seinen Namen änderte er zwar nie, aber am Ende kam es gelegentlich vor, dass Ågren seine Bilder mit Nilsson signierte, oder mit seltsamen Krakeleien, die Stenografie sein sollten. Er tat alles, damit die Idioten in Stockholm kein Geld mit seinen Werken verdienen konnten.

Auch das *Erdbeben* stellte er in Paris aus, und obwohl es 1926, auf der ersten Ausstellung der Optimisten in Stockholm, für achthundert Kronen verkauft wurde, bildete es ein halbes Jahrhundert lang eine regelmäßig wiederkehrende Hauptattraktion in zahlreichen Ausstellungen. Die Rückseite des Gemäldes ist inhaltlich fast genauso dicht wie das eigentliche Motiv: vollgeklebt mit Ausstellungsetiketten, Frachtscheinen und Besitzerangaben. Es scheint auf Segeltuch gemalt worden zu sein und erinnert auch sonst an ein Segel, bei Windstille, denn der Spannrahmen ist gar kein Spannrahmen. Es handelt sich vielmehr um vier Holzstücke, mit Sicherheit vom Künstler persönlich zusammengenagelt. Alles ist eine Erzählung. Und ich bin zwar nicht erstaunt, aber manchmal doch erbost darüber, dass Ågren vergessen wurde, während andere in die Geschichte eingingen. Das ist nicht gerecht.

Jahrzehntelang hingen Lasersteins Gemälde in ihrer Wohnung in der Norra Långgatan in Kalmar, Småland, verborgen vor der Welt. Traute schlief; so scheint es jedenfalls, aber die Pose, die sie tage-, ja wochenlang hielt, sei, wie sie viel später bekannte, ausgesprochen anstrengend gewesen, und allein über dieses Bild, das treffend *In meinem Atelier* (1928) heißt, und auf dem Lotte Laserstein sich selbst mit Palette und Pinsel an der Staffelei abbildet, könnte man ein Buch schreiben. Zum Beispiel über seine Verbindungen zur schlafenden Venus und seine rebellische, stürmisch intensive Darstellung der neugewonnenen Freiheit und der Ansprüche der modernen Frau. Es ist ein Manifest, genau wie das *Selbstporträt mit Katze,* gemalt im gleichen Jahr, das wohl fast jeden an das Selbstporträt Albrecht Dürers erinnert, gemalt im Jahr des Herrn 1498. Es scheint, als sage die junge Malerin auf der Leinwand: »Ich weiß, was ich tue, nur ich. Ihr könnt mich nicht einfangen, wisst nicht, wer ich bin. Nur die Katze ruht geborgen auf meinem Schoß, als bedeutendstes Symbol für Unabhängigkeit und Narzissmus.« Das entsprach in einem konkreteren Sinn genau genommen nicht ganz der Wahrheit, da die arme Katze herrenlos war und nur zufällig des Öfteren in ihrem Atelier vorbeischaute. Sie kam und ging. Noch mit neunzig Jahren erinnerte sich Lotte, dass die Katze einfach nicht still genug liegen wollte, um sich malen zu lassen, bis es ihr schließlich gelang, das Tier mit Weinbrand ruhigzustellen.

80

Lotte Laserstein gelang ein guter Start als freischaffende Künstlerin. In den Jahren um 1930 nahm sie an zwei Dutzend Gruppenausstellungen teil. Außerdem hatte sie mindestens zwei Einzelausstellungen, einmal in Stuttgart, einmal in Berlin, bei Gurlitt. Letztere war schon damals eine legendäre Galerie, nicht zuletzt aufgrund der komplizierten Affäre von 1914 um neunzehn Gemälde von Matisse, die Wolfgang Gurlitt, der Besitzer der Galerie, in Paris von Michael Stein entliehen hatte, dem steinreichen älteren Bruder Gertrude Steins. Gurlitt veranstaltete eine berühmte Ausstellung, die damit endete, dass die Bilder verschwanden. Die Matisse-Ausstellung der Galerie Gurlitt fand nämlich parallel zum Kriegsausbruch im Juli 1914 statt, und in dieser Zeit hatten wertvolle Kunstwerke, wie in allen Kriegen, die Tendenz zu verschwinden, um dann bestenfalls später, andernorts und mit neuem Besitzer, wieder aufzutauchen. Was wirklich passierte, weiß wohl keiner mehr so genau, jedenfalls hängen diese Werke von Matisse heute in der Dänischen Nationalgalerie in Kopenhagen. Nicht alle, aber die meisten. Im Zweiten Weltkrieg sollte es noch schlimmer werden; die Kunstdiebstähle entwickelten sich gleichsam zu einer Industrie, in der Männer ohne Ehrgefühl in einem Ausmaß plünderten, sammelten, verkauften, versteckten und verbrannten, dass wohl niemand etwas Vergleichbares gesehen hat, seit die Vandalen Rom stürmten. Lotte Laserstein war es zu diesem Zeitpunkt zwar gelungen, den größten Teil ihrer Bilder nach Schweden zu retten, aber einiges hatte sie verkauft. Wo sich diese Werke heute befinden, falls sie sich noch irgendwo befinden, ist oftmals unklar. So verschwand zum Beispiel ihr häufig erwähntes Gemälde *Im Gasthaus* (1927), das Porträt einer einsamen Frau an einem Caféhaustisch, das trotz Ähnlichkeiten zu den Bildern Edward Hoppers aus der gleichen Zeit nicht die geringste Melancholie oder Einsamkeit ausstrahlt. Eher wird hier, einmal mehr, die neu erworbene Unabhängigkeit der berufstätigen, stilbewussten Frau in der

Weimarer Republik gestaltet, und vielleicht wurde das Gemälde gerade deshalb von der Stadt Berlin erworben – für 950 Reichsmark, was damals dem halben Jahresgehalt eines gut ausgebildeten Beamten entsprach. Aber es verschwand, wie gesagt, im Krieg.

81

Der hartnäckigste Ågren-Sammmler von allen war ein Architekt namens Robert Berghagen. Er wohnte in einem Haus am Mosebacke torg, und gewährte Ågren dort zeitweise Zugang zu einem Atelier. Viel später, als alles zusammengefasst werden sollte, und er, der Sammler, sich selbst zu seinem guten Geschmack gratulieren wollte, erzählte er, wie sie sich kennengelernt hatten. Eine späte Festmahlzeit, tief in der Nacht. Es muss 1919 gewesen sein, kurz bevor Ågren gen Süden verschwand. Bei ihrem Gespräch sei es um das Wetteifern gegangen, um das Streben nach weltlichem Erfolg, danach, auf der Bühne glänzen zu dürfen, etwas zu verkaufen. Ågren erklärte stets, dass er nichts mehr verachte als das. Schließlich komme man trotzdem nicht weiter als bis zum Grab. Genau. Tja, und danach war er fünf Jahre fort, tauchte aber, eines schönen Tages Mitte der zwanziger Jahre, wieder auf. Sie begegneten sich auf der Straße. Berghagen lud ihn zu sich zum Essen ein, und weil es spät wurde, schon wieder, bot er Ågren an zu übernachten. Er blieb drei Monate – bis er eines Tages, plötzlich, wieder verschwand, ähnlich wie eine Katze. Was er über das

Wetteifern sagte, muss nicht unbedingt wahr sein, aufrichtig vielleicht, aber nicht wahr. Eine Beschwörung.

82

Die alte Dame sitzt auf ihrer Couch und erinnert sich. *Abend über Potsdam* (1930) war ihr Meisterwerk. Das Gemälde ist sehr groß, gut zwei Meter breit, und sie brauchte lange, um es zu vollenden, vor allem, da der Hintergrund an Ort und Stelle gemalt wurde, auf einer Dachterrasse in Potsdam. Danach musste das Ungetüm mit Pferd, Wagen und Nahverkehrszug in ihr Atelier verfrachtet werden, wo sie anschließend in endlos langen Sitzungen die Geduld ihrer Modelle auf die Probe stellte. Eine Leinwand hätte man wenigstens zusammenrollen können, aber diesmal hatte sie sich für Holz als Untergrund entschieden, das so schwer war wie eine Stalltür. Es wird von einem noch größeren Bild berichtet, ungefähr zur gleichen Zeit in Potsdam gemalt, das eine palastartige Villa am Ufer der Havel zeigte, aber es handelte sich um eine Auftragsarbeit, die folglich zurückblieb und seither verschwunden ist, wahrscheinlich ein Opfer der Bomben, genau wie die Villa selbst. Nur der Fluss ist noch da. Aber *Abend über Potsdam,* über ihrer Couch in Kalmar, war keine Auftragsarbeit, sondern eine Herzensangelegenheit, eine persönliche Kraftprobe, mit der die Kunsthistoriker noch lange beschäftigt sein werden, auf der Suche nach Zusammenhängen und Allegorien sowie den in die Vergangenheit und die Zukunft deutenden Fäden. Und natürlich lässt sich diese fantastische Szene auf der Dachterrasse in Potsdam interpretieren. Die Wehmut der letzten Mahlzeit – wenn die Weinflaschen und die Blicke leer sind, und alle am Tisch ahnen, dass etwas enden wird, obwohl noch keiner weiß, was es ist – erschließt sich wirklich jedem. Jeder, der sich mit Geometrie in der Gemäldekomposition auskennt, kann sich lange und fundiert über dieses Werk auslassen. Andere verstummen. Jemand erinnert sich an den Wunsch der alten Dame, dass *Abend über Potsdam* nach ihrem Tod an die Kommune Kalmar gehen sollte. Doch das Schicksal wollte es anders. Es ist eine lange Geschichte, die immer wieder erzählt wird und davon handelt, dass es nicht immer so kommt, wie man sich das gedacht hat, wenn überhaupt je einmal.

83

Das Porträt des russischen Mädchens in Rot (1928), mit seiner Puderdose, wurde damals dagegen nicht verkauft, nicht vor der Flucht, sondern erst viel später, und interessanterweise trat als Käufer die Gemeinde Nybro im finstersten Småland in Erscheinung. Das Risiko, dass auch sie, die hübsche Russin, eines Tages Kriegsbeute sein oder von Bomben in Asche verwandelt wird, die ganze Häuserblocks sprengen, besteht natürlich, ist aber nicht sonderlich groß. Gerade in Småland ist das Terrain, abgesehen von der Küstenregion, gar nicht für die Kriegsführung geeignet. Nicht einmal Napoleon hätte viele Tage nördlich der Grenze zum südlicher gelegenen Schonen überlebt. Es gab einmal einen deutschen Feldherren namens Daniel Rantzau (1529–1569), der im Dienst der Dänen stand und das småländische Eksjö niederbrannte – er kam von Norden, über das Eis des Sees Sommen – und dem es anschließend tatsächlich gelang, mit seinem Heer unbeschadet die Region zu verlassen, aber er dürfte so ziemlich der Einzige gewesen sein. Doch da nichts jemals so bleibt, wie es ist, hat das Schicksal des Gemäldes, seit ich diese Sätze vor ein paar Jahren schrieb, eine neue Wendung genommen. Im November 2014 teilte das Städel Museum in Frankfurt am Main mit, dass es das Bild erworben hat und fortan in seiner Sammlung präsentieren wird.

84

Der Kater, Caruso, ist ein Kapitel für sich. Zumindest zwei spätere Interpreten sind der Auffassung, dass Carusos Schicksal der Grund dafür war, dass Ågren der Riviera den Rücken zukehrte und in die Heimat zurückzog. Eine in ihrer Art typische, aber sicherlich unwahre Anekdote, die jedoch verdeutlicht, dass ihn der Verlust des Tiers sehr schmerzte. Ob das am Verschwinden selbst oder den Umständen des Vorfalls lag, darüber lässt sich trefflich streiten: Allem Anschein nach wurde der Kater von einigen Tagelöhnern geschossen und verspeist, die in der Nähe wohnten und sich von allem Möglichen ernährten, außer von Kreuzottern, die sie, laut Ågren, für giftig hielten. Ringelnattern kamen dagegen auf den Tisch, und, wie gesagt, Füchse sowie Katzen, denn damals, in den zwanziger Jahren, waren die Zeiten offenbar hart in den Weinbergen. Die meisten scheinen von der Hand in den Mund gelebt zu haben. Im Herbst des gleichen Jahres, 1925, ist Ågren zurück im Café du Dôme in Paris und schreibt an Bergman: »Wie du siehst, bin ich hier hängen geblieben. Habe die 2000 Francs versoffen, mit denen ich bis Menton auskommen sollte, und jetzt weiß ich nicht, wie es weitergehen soll.« Er hatte sich mit einigen Bildern am *Salon des Indépendants* beteiligt und schaffte es, wie auch immer, erneut in den Süden. Er berichtet, er wohne »zwischen den Hängen wie ein Eremit in einer Erdhöhle«. Manchmal bezweifle ich, dass er überhaupt entdeckt werden wollte, Ehre und Ruhm zu erringen trachtete. Vielleicht wollte er ja auch einfach nur seine Ruhe haben.

85

Nein, es ist nicht die Ungerechtigkeit, die mich antreibt. Ich bin nicht darauf aus, alles richtigzustellen. An manchen Tagen mag es so sein, aber häufiger ist es etwas anderes, was mich lockt und an mir zerrt. Lotte Laserstein war ehrgeizig. Ja, ein Spiegel. Vergessen wir also Folgendes nicht: Wir sprechen hier von einer tüchtigen, noch jungen Frau, die aus einer halbwegs wohlsituierten, bürgerlichen Familie in Berlin stammt, ein geordnetes Dasein haben und sich ein anständiges Leben aufbauen möchte. Sie will keine Schmutzreste in den Ecken. Sie wünscht sich Freunde, eine Wohnung, Reisen, ein Leben, und sie weiß, dass ihr das alles gelingen kann, denn sie hat es selbst in der Hand, dazu Glück und Talent und Zuversicht. Das Atelier ist groß und hell und natürlich teuer, aber das mit dem Geld wird sich schon regeln, wenn sie sich nur ins Zeug legt und am Riemen reißt, morgens brav aufsteht und weiterackert. An ihren Fähigkeiten zweifeln alle, aber nichts hilft dann so wie preußische und weibliche Disziplin. Ich möchte nicht wie sie sein. Das Ganze ist so albern. Diese verfluchte Tüchtigkeit ist mir so vertraut, genau wie die Flucht, obwohl meine, im Vergleich zu ihrer, eher wie ein Hobby ist, wie etwas, womit man sich sonntags beschäftigt. Noch in den achtziger Jahren wird Lotte Laserstein in einer debilen Rezension in der Zeitung *Barometer* als »die tüchtige Dame« tituliert. Manche Vokabeln sollten wirklich verboten werden.

86

Ågren kehrte heim. Die Zeiten wurden härter: Ende der zwanziger und Anfang der dreißiger Jahre führte er in Stockholm ein Vagabundenleben; wohnte abwechselnd auf Krokholmen und bei Freunden auf der Couch, mietete schließlich Bleiben an verschiedenen Adressen südlich der Stadt, in Vororten wie Enskede und Huddinge. Die Gemälde aus Italien und Frankreich waren inzwischen gefragt; das mehrere Quadratmeter große Bild *Val de Menton*, später *Der Weinberg* genannt, verkaufte er durch die Vermittlung von Freunden für 3500 Kronen, ein Vermögen, dennoch war er beim Anblick der grauenvoll grünen

Wand, an der das Bild hängen sollte, kurz davor, den Verkauf rückgängig zu machen. Erst gegen das Versprechen, dass man diese Wand neu streichen würde, gab er nach. Außerdem malte er immer noch, nicht viel zwar, aber einige Stockholmmotive sind ebenso erhalten geblieben wie anderes aus den Schären. Eines der charmantesten Bilder ist eine unvollendet gebliebene Aussicht über die Nybroviken und Skeppsholmen, gemalt auf Estrid Ericsons Balkon am Strandvägen. Man fragt sich, was er da zu suchen hatte? Das Leben jedes Menschen ist voller dunkler Punkte, und manchmal, wie im Falle Ågrens, ist im Grunde alles ziemlich dunkel. Sieben Jahre habe ich mich jetzt mit seiner Geschichte beschäftigt, und ein ums andere Mal ist mir dabei durch den Kopf gegangen, wie schwierig es doch ist, ihn zu verstehen. Die Kunsthistoriker wissen nichts über ihn und die Archive geben auch nichts her. Ein paar Gemälde und alte Zeitungsausschnitte sind natürlich im Umlauf, aber sie erzählen alle ungefähr die gleiche Geschichte von einem eigenwilligen Mann, der seinen Weg ging. Als fände seine gesamte Biografie in einer Tischrede in einem Herrenclub Platz.

87

In Berlin läuft alles auf Hochtouren. Die Stadt ist groß, es ist genügend Platz für alle, und Lotte Laserstein malt während einiger hektischer, glücklicher Jahre die Bilder, mit denen sie, wenn es noch so etwas wie Gerechtigkeit gibt, in die Geschichte eingehen wird. Die Gemälde

Tennisspielerin und *Der Motorradfahrer* stammen beide aus dem Jahr 1929, ein Jahr vor dem *Abend über Potsdam*. Sie ist voller Energie und ich muss einfach glauben, dass sie ihr Leben liebt und ihre Schaffenskraft genießt. Dennoch dürfen wir nicht vergessen, dass 1929 auch das Jahr des Börsencrashs an der Wall Street ist, und der Depression, die sich schon bald wie eine Flutwelle über die Welt ergießen wird. Das Publikum ist da, Geld dagegen nicht, und die Politik ist ein einziger Zirkus. Das Chaos aus den Tagen der Hyperinflation kehrt zurück, und mit ihm die Massenarbeitslosigkeit, aber – typisch deutsch – legt Lotte Laserstein sich ins Zeug und kann sich gut vorstellen, zu unterrichten und Illustrationen zu zeichnen, denn sie strotzt vor Kraft und ist technisch versiert und wird hochgelobt. Sie hat ihr Atelier und Wolfsfeld, der sie unterstützt und ihr mit Ermunterung und Material beisteht. Außerdem hat sie Freunde. Traute Rose vor allem, oder Puppy, wie Lotte Laserstein sie nennt.

88

Es war Hesiod, der Grieche, der vor fast dreitausend Jahren die Geschichte von den neun Musen erzählte, den Göttinnen der Poesie und der Kunst, den Töchtern von Zeus und Mnemosyne.Die Titanin und Göttin der Erinnerung ist für mich unauflöslich mit der wilden Freiheit der Kindheit verknüpft, als ich den Traum hegte, eines schönen Tages irgendwo jenen Schmetterling zu finden, dem Linné seinerzeit den schönen Namen *Parnass-*

ius mnemosyne gab. Meine Streifzüge dehnten sich entlang der Küste immer weiter in südliche Richtung aus, und auch wenn ich nie bis Flivik hinunterkam, Ågrens Zufluchtsort, so war ich doch schon als Kind in der Nähe, in denselben Wäldern, an denselben Ufern. Ich ging auf denselben Wegen und Pfaden, die in einer Sackgasse an vergessenen Silbergruben endeten. Lebensgefährliche Orte. Dort unten fand ich eines Sommers in den Hügeln am Meer, den Apollofalter, niemals jedoch Mnemosyne, der damals in dieser Gegend vermutlich schon ausgestorben war. Das machte nichts, denn das wusste ich ja nicht. Die Jagd bedeutete mir alles. Das Abenteuer und die Einsamkeit. Der östliche Teil Smålands ist ein abgelegener Winkel, einer der besten.

89

Auch Estrid Ericson (1894–1981) stammte aus einer Ortschaft auf dem Land. Sie war Zeichenlehrerin aus Hjo am Ufer des Sees Vättern. Berühmt wurde sie erst durch ihre Zusammenarbeit mit dem österreichischen Architekten Josef Frank, der 1933 in die Landesflucht gezwungen wurde und sich bald darauf ihrer Firma *Svenskt Tenn*, am Stockholmer Strandvägen gelegen, anschloss, was eigentlich ein bisschen ungerecht ist, denn ihre Firma, die sie 1924 gründete, war von Anfang an sehr erfolgreich, obwohl die Stilideale, die sie lange Zeit verfocht, als allzu kühn galten. Franks geblümte Möbelbezüge und Tapeten in allen Ehren, aber der große Star in der Geschichte von

Svenskt Tenn ist Estrid Ericson, und die interessanteste Phase ist das erste Jahrzehnt des Unternehmens, als alles, ästhetisch und politisch, auf der Kippe stand. Ericsons Talent war ähnlich dem einer Komponistin; sie engagierte junge, oft unerfahrene Designer, von denen die meisten später in die Geschichte eingehen sollten: Axel Einar Hjorth, Anna Petrus, Björn Trägårdh, Uno Åhrén, Nils Fougstedt, Akke Kumlien und viele andere. Jugendstil auf dem Weg zum Funktionalismus. Aus heutiger Sicht mag einem diese Entwicklung selbstverständlich erscheinen, fast vorherbestimmt, aber das war sie natürlich nicht. Der Zufall bestimmte, damals wie heute, aber Estrid Ericson tat trotzdem mehr als die meisten, um in stürmischer See den Kurs zu bestimmen. Wie und wann sie Ågren begegnete, ist unklar, aber eine Möglichkeit ist 1925 in Paris, auf der Weltausstellung *Arts décoratifs*, von der sich später der Begriff Art déco ableitete. Sobald jemand versuchte, Ågren anzuwerben, zog er sich zurück. Alle Festlegungen misslangen, jeder Zusammenhang blieb irgendwie provisorisch.

90

Keiner wusste, wohin sich die Welt bewegte. Man hatte finanzielle Sorgen, wünschte sich wie immer Stabilität. Als Hermann Görings Frau Carin, die aus Stockholm stammte, im Oktober 1931 starb, sollten bis zur Reichspogromnacht noch sieben Jahre vergehen, sieben schwere Jahre, aber das wusste damals ja noch keiner. Manche ahnten es natürlich, aber die meisten hatten nicht die nötige Fantasie, es zu sehen, oder nicht den Mut, davor zu warnen, was kommen würde. Die Geschichte war in der Schwebe. Nicht einmal der Zusammenbruch des Kreuger-Imperiums hatte schon stattgefunden. Und Carin wurde auf der Mälarinsel Lovön beerdigt. ›Friede ihrem Andenken‹, dachte man damals, aber zwei Jahre später, kurz vor Ågrens Debüt in der Galerie Moderne, kam der nach wie vor populäre Flieger Göring zu Besuch und schmückte das Grab mit einer großen Swastika, stilvoll aus grünen Blättern geflochten, was irgendjemanden derart erboste, dass er die Kreation zerstörte. Tja, und Göring, der damals den Posten des Reichstagspräsidenten innehatte, war, wie nicht anders zu erwarten, außer sich vor Wut und verlangte, dass ihre sterblichen Überreste heimgeführt werden sollten, nach Deutschland. Und bestellte daraufhin einen riesigen Sarkophag aus Zinn. Es war ein schönes Objekt, ironischerweise streng funktionalistisch und insgeheim von dem sozialdemokratischen Parteigänger und Nazigegner Uno Åhrén entworfen, sowie produziert von Estrid Ericson, die gerade ihre schon bald so erfolgreiche Zusammenarbeit mit dem jüdischen Flüchtling Josef Frank einleitete. Ein schmutziges, aber einträgliches Geschäft. Erst in den achtziger Jahren wurde es allgemein bekannt. Niemand sollte im Nachhinein zu hart verurteilt werden, aber es ist trotzdem gut, sich präventiv an diese Geschichte zu erinnern, und im Übrigen kann sie uns als Hinweis dafür dienen, warum Ågren bei *Svenskt Tenn* nicht sonderlich lange blieb.

Es trifft sicher zu, dass Ågren sich für Politik interessierte, aber man gewinnt den Eindruck, dass er das genaue Gegenteil eines Parteigängers war. Ein hoffnungsloser Individualist, der die Flucht ergriff, sobald er ein Programm sah. Für Estrid Ericson gestaltete er zwei Tischplatten aus Zinn, von denen eine 1931 in London in der Ausstellung der *Schwedischen Vereinigung für Werkkunst* gezeigt wurde. Danach gestaltete er nichts mehr für sie. Er war immer auf dem Sprung. Politisch scheint er ein Gegner von praktisch allen gewesen zu sein. Einzig eine Passage in einem Brief von 1928 deutet etwas anderes an: »Meine Mälarkönigin, die ich an dem Abend der kommunistischen Jugend schenkte, ist, glaube ich, auf Abwege geraten und bei einem dieser rechten Sozis gelandet.« Später, im Krieg, besaß er auf seinem Hof in Flivik zwei große Säue; die eine, deren Ringelschwänzchen sich linksherum kringelte, hieß Per-Albina, benannt nach dem sozialdemokratischen Premierminister Per-Albin Hansson, während die andere, mit rechtsherum gekringelten Ringelschwänzchen, den Namen Günthran trug, zur Erinnerung an den eher deutschfreundlich eingestellten Außenminister Christian Günther. Ohren und Schwanz waren das Einzige, was Ågren von einem Schwein aß.

Am 27. Februar 1933 brannte in Berlin der Reichstag und schon am nächsten Tag wurden die Grundrechte der Weimarer Verfassung praktisch außer Kraft gesetzt. In jenem Frühjahr verbrannte man Bücher auf den Straßen. Der Boykott jüdischer Geschäfte begann. Der Nationalsozialistische Deutsche Studentenbund verlangte in einem Brief vom 11. September dieses Schreckensjahres an den Direktor der Kunstakademie, dass er schleunigst dafür sorgen solle, von den Schwarzen Brettern jegliche Information über Kurse zu entfernen, die von Juden geleitet wurden, darunter auch die der *Kunstschule Lotte Laserstein.* Im Frühjahr 1934 war es ihr zum letzten Mal erlaubt, in Deutschland an einer öffentlichen Ausstellung teilzunehmen; ihre Mitgliedschaft im Verein der Berliner Künstlerinnen endete, ihr wurde verboten, ihre Bilder zu verkaufen, Leinwände und anderes Künstlermaterial zu erwerben, und schon bald wurde ihr zudem untersagt, Nichtjuden zu unterrichten. Sie hielt sich bis 1935 über Wasser, als die Nürnberger Gesetze es ihr endgültig unmöglich machten, die Schule weiterzuführen. Sie entfernte das Schild und kündigte das Atelier. Besorgte sich eine kleinere Wohnung in der Jenaer Straße im Stadtteil Wilmersdorf. Wartete. Hoffte. Was soll man auch sonst tun? Schlimmer konnte es doch eigentlich nicht mehr werden.

Es lässt sich unmöglich sagen, wo und wann Olof Ågren aufgab. So funktioniert die Flucht nicht. Sein Entschluss reifte nach und nach, wenn es denn überhaupt eine bewusste Entscheidung war. Vielleicht fehlte ihm auch einfach nur die Kraft, sich weiter dagegenzustemmen. Jedenfalls gibt es ein Gemälde, das, glaube ich, einen Bruch markiert, eine Sperre. Nach ihm führte kein Weg mehr zurück. So wirkt es heute, aus der Ferne betrachtet. Es muss nicht so gewesen sein, aber lassen Sie mich trotzdem dem Gedanken nachgehen, dass die Skizze zu dem großen Wandgemälde im Rathaus von Östersund – ein weiterer Wettbewerb um einen öffentlichen Auftrag, den er nicht gewann –, die heute im Treppenhaus des Rathauses hängt, als eine kuriose Erinnerung einen Wendepunkt bildete. Es scheint, als hätte er schon im Voraus gewusst, dass alles verloren war. Er fertigte diese Skizze 1928, auf halber Strecke zwischen den Fresken in Siena und dem Stall in Flivik, und nichts wäre wohl angemessener gewesen, als in seiner Heimatstadt in einem Monumentalkunstwerk über die Kunst, eine Stadt zu regieren, zusammenfassen zu dürfen, was er im Laufe eines halben Lebens gelernt hatte. Ich habe dieses Bild nie gemocht. Es ist zu einfach. Die wogenden italienischen Landschaftserzählungen versuchten wenigstens, mir zu behagen, aber hier ist er zurück in der naiv burlesken Bauernmalerei, mit einer Geschichte, die in ihre Einzelteile zerfällt. Es ist bloß eine Reihe von Tableaus, vereinfachend, gleichsam platt, die der Reihe nach den

Bauherren, Hirten, Pfarrer, Richter und Henker darstellen, und im Vordergrund eine Herde apathischer Schafe. Auch andere Tiere sind zu sehen, sogar ein Löwe, und am Galgen stirbt der Verurteilte in seiner Einsamkeit. In der rechten oberen Ecke sieht man zudem einen Mann auf dem Sprung aus dem Bild heraus, und der Maler behauptete später, das sei er selbst, der unglückliche Olof Casimir Ågren, auf seiner Flucht aus der Gesellschaft. Ich lese dieses Bild als einen künstlerischen Selbstmordversuch. Es kommt einem zu nah. Ich ertrage es nicht.

94

Im Oktober 1933, als das Deutsche Reich gerade aus dem Völkerbund austrat und alle, die mit ihren Vermutungen richtiglagen, den Krieg heraufziehen sahen, stellte Olof Ågren in der Galerie Moderne insgesamt fünfundfünfzig Werke aus, von denen viele Leihgaben aus Privatsammlungen waren. Die Gemälde zeigten die Schären, Stockholm, Italien, die Provence. Alles ist dabei. Sein halbes Leben. Und er schämt sich, will nicht, hatte aber vielleicht schon beschlossen aufzugeben und brauchte deshalb Geld für den Rückzug. Vielleicht war es Signe Schulz und Alice Lagerbielke, den Besitzern der Galerie, die nachweislich eine Nase für Qualität hatten, auch gelungen, ihn zu überreden. Wie dem auch sei, im Vorwort des Katalogs bittet er jedenfalls um Entschuldigung dafür, dass er existiert und zeigt, was er fabriziert hat, und als die Presse zur Vernissage kommt, läuft er davon und versteckt sich buchstäblich wie ein Kind. Man zerrt ihn für ein Bild aus irgendeinem Winkel hervor. Ein alter Mann mit todernstem Gesicht, als hätte er panische Angst. Aber die Kritiken sind, wie erwähnt, glänzend und insofern treffsicher, dass einige von ihnen seine Doppelbödigkeit herausstellten. Ein Rezensent schreibt: »Wenn man in Ågrens Ausstellung tritt, gewinnt man sofort den Eindruck, dass Ågren zwei Personen ist, aber diese fälschliche Auffassung verschwindet rasch. Olof Ågren ist ein selten – ich schreibe wirklich ›selten‹ – ursprünglicher und kompletter Künstler, von dem wir uns mit Recht noch viel erwarten dürfen.« Andere versuchen, sich gegenseitig mit Formulierungen wie einem »vagabundierenden Einzelgänger« und einem »schönheitstrunkenen Romantiker« zu überbieten, der gänzlich ohne Seitenblicke oder weltliche Absichten »seinen Weg in monumentaler Selbstständigkeit und Einsamkeit geht«. Wir können das alles vergessen, denn die Kunstkritik war damals noch eine Männerdomäne und ich glaube, die Kritiker freuten sich nur für einen Moment darüber, wieder Jungen sein und spielen und träumen zu dürfen – von der Freiheit.

95

Manchmal, nachts, denke ich, dass es die hohen Erwartungen waren, die seine Kreativität einbrechen ließen. Irgendetwas war es jedenfalls. Die Scham. Ågren wusste, dass manche seiner Bilder gut waren, so gut sie eben hatten werden können, und nun gab es da draußen Sammler, die nach ihnen suchten, sie kauften, sie besaßen, sich mit ihnen brüsteten und ihre Erwerbungen, ihre Entdeckungen stolz und mit auf dem Rücken verschränkten Händen präsentierten, und zwar jedem, der geneigt war, sie zu sehen und ihnen zuzuhören. Er wusste, dass man über ihn sprach, sich Legenden erzählte. Und nun gab er sich selbst die Schuld. Dann der Angst. Wie zum Teufel sollte er bloß in der Lage sein, diesen Erwartungen gerecht zu werden, den Hoffnungen, dass Olof Ågren, dieser Idiot, einer der ganz Großen werden würde. Nach seiner Heimkehr nach Schweden hat er weitergemalt, aber es wollte ihm nicht recht gelingen. Es gibt einige Stockholmmotive, mit denen er, denke ich, ganz zufrieden war, sie waren in der Galerie Moderne vertreten, standen aber nicht zum Verkauf. Stattdessen verschenkte er sie. Für *Wasserturm* (1928) und einige andere Bilder in dieser Ausstellung, die zu seinem ersten, größten und letzten Triumph wurde, konnte er aus irgendeinem Grund kein Geld nehmen. Stockholm, schrieb er im Katalog, sei seine Liebe. Nichts, wovon man profitiere. Stattdessen konstruierte er ein Kreuzworträtsel: »Die Einsender der ersten 3 geöffneten richtigen Lösungsumschläge haben das Recht, sich nach dem Ende der Ausstellung eines der hier ausgestellten Gemälde von Stockholm auszusuchen.« Was weiß man eigentlich über die Nächte fremder Menschen? Der Gewinner verkaufte seinen Wasserturm an die Stadt Stockholm, von der Ågren später, für den Rest seines langen Lebens immer öfter sagte, dass er sie hasse.

Kreuzworträtsel sind eine amerikanische Erfindung, die in den zwanziger Jahren erstmals in schwedischen Zeitungen auftauchte, und wer sich vornimmt, die Kulturgeschichte des Zeitvertreibs zu schreiben, wird, glaube ich, feststellen, dass Kreuzworträtsel mehr als alles andere den permanent in allen Medien laufenden Quizsendungen, den Weg ebneten, als wäre das Leben in seiner vollen Länge eine einzige Klassenarbeit. Dass die Allgemeinbildung Opium fürs Volk ist, wäre vielleicht zu viel gesagt, aber wenn in der Zeitung gefragt wird, ob man sich noch an die Neuigkeit vom Vortag erinnere, stimmt mich das jedes Mal nachdenklich. Woran erinnerst du dich? Was weißt du? Warum beantwortest du diese idiotischen Fragen? Ågren soll viel Zeit damit verbracht haben, Kreuzworträtsel zu lösen, selbst die schwersten. Ich nehme an, er war gut darin, hatte ein hervorragendes Gedächtnis für alle Fakten, die in der Zeit umherschwirren wie Stechmücken in einer lauen Sommernacht. Ich selbst habe damit aufgehört. An unnützem Wissen mangelt es mir wahrlich nicht, aber mein Drogentalent ist so geartet, dass sich die Übelkeit schon vor dem Genuss des Rauschs einstellt. Dass ich Ågrens Kreuzworträtsel am Ende löste, ist klar, obwohl die Zeit, die seit damals vergangen ist, daraus eine fast unlösbare Aufgabe gemacht hat. Es geht darin um Stockholm. Senkrecht, zehn Buchstaben: »Stockholmer Städteplaner aus der Peripherie«: Lilienberg. Albert Lilienberg stammte ursprünglich von der schwedischen Südküste. Waagerecht, vier Buchstaben: »Berühmter Verschönerer Stockholms aus der Peripherie«: Liss. Liss Olof Larsson stammte aus Dalarna.

97

Lotte Laserstein liebte Kinder. Sie selbst bekam keine, malte jedoch die Kinder anderer, solange sie lebte, und machte sie so zu ihren eigenen, zu Individuen. Kurz vor ihrer Flucht aus Berlin, Mitte der dreißiger Jahre, als ihr aufgrund ihrer Herkunft im Prinzip ein Berufsverbot erteilt worden war, gelangen ihr die besten Kinderporträts: schnelle Skizzen, scheinbar unvollendet. Die Behörden hatten ihr erlaubt, jüdische Kinder privat zu unterrichten und manches von dem, was entstand, waren natürlich Skizzen, denn woher sollte sie die Zeit nehmen, aber viele Bilder, oder zumindest einige, vollendete und signierte sie. Ein paar schnelle Linien nur, etwas Farbe, nicht viel, und schon waren sie fertig. Als wäre sie auf dem Sprung. Das Reispapier ist heute auf Grund seines Alters braun verfärbt. Fast achtzig Jahre sind vergangen, aber das macht diese Bilder nur noch besser, denn sie erzählen eine Geschichte, von Hast, unter Zwang. Auch von der Liebe und von Lotte Lasersteins makelloser Fähigkeit, im richtigen Moment aufzuhören, erzählen sie. Wie viele ihrer Skizzen verworfen wurden, weiß keiner, aber alle, die es noch gibt, bezeugen das Gleiche. Sie ist wie eine Mutter mit kleinen Kindern: gerecht und schnell.

Die Puppen, manchmal auch *Die Mälarkönigin* genannt, gehört zu den eigentümlichsten Gemälden, die Ågren vollendete. Signiert hat er es 1929, und genau wie bei *Das Erdbeben* ist der Text auf Französisch, eine Zeile, die nach mittelalterlichem Vorbild das Motiv erklären soll. Das Publikum, das ihm vorschwebte, befand sich nämlich in Paris, aber aus irgendeinem Grund blieb das Bild, unverkauft, in Schweden, und deshalb weiß niemand, wie es ursprünglich aussah. Die Legende ist allerdings einigermaßen bekannt und besagt, dass die Mälarkönigin, gemeint ist Stockholm, die Stadt, von zugezogenen Bauern geschändet wird, die sich aufs Geschäftemachen verlegen und zu Ausbeutern werden. Einer der abgebildeten Herren, die eierförmige Köpfe erhalten haben, damit sie wirklich dämlich aussehen, soll Stadtplanungsdirektor Albert Lilienberg (1879–1967) gewesen sein, der den ganzen unteren Teil des Stadtteils Norrmalm abreißen und die Verkehrsader Sveavägen bis zum Mälarsee verlängern wollte. Der andere soll Liss Olof Larsson (1838–1896) gewesen sein, Parlamentsabgeordneter aus Leksand in Dalarna, was einem ein bisschen merkwürdig vorkommt, da seine Vergehen damals längst verjährt waren. Es dürfte sich um einen niemals verrauchten Ärger aus der Jugendzeit gehandelt haben. Liss Olof Larsson soll stockkonservativ gewesen sein; ein Gegner aller möglichen Dinge von Pensionen bis zu Kaffee. Das Theater war in seinen Augen ein Ort der Verschwendung, Eitelkeit und fehlenden Moral, und in geistlichen Angelegenheiten pries er Gustav II. Adolfs handfeste Methoden zur Durchsetzung von Martin Luthers Lehre. Er war ein begeisterter Anhänger der Todesstrafe, der für die Wiedereinführung der Verköstigung mit Wasser und Brot in Gefängnissen plädierte, damit diese nicht anfingen, Pensionen zu ähneln. Welche Hoffnungen Ågren hinsichtlich der Frage hegte, was die Franzosen der verborgenen Geschichte der Puppen entnehmen könnten, wird für immer ein Rätsel bleiben.

99

Robert Berghagen, der Sammler und Freund, erzählte viel später, wie es zuging, als Ågren den Wasserturm am Mosebacke torg malte: »Es war ein qualvoller, endloser Kampf und Leidensweg, als es ihm einfach nicht gelang, seine Ideen in dem Gemälde zu verwirklichen. Die Zweifel an seinen Fähigkeiten, etwas zu erschaffen, führten dazu, dass er mehrfach kurz davorstand, das Bild zu zerstören.« Nie war er zufrieden. Das Relief aus unzähligen Farbschichten in seinen Gemälden mag an sich zwar effektvoll sein, aber es erzählt gleichzeitig eine wehmütige Geschichte über sein Unvermögen, einen Schlusspunkt zu setzen, und zwar rechtzeitig. Aller Wahrscheinlichkeit nach sah er selbst, dass die Freiheit und die Zeit, die er sich nahm, gleichsam zu einer Bremse wurden. Oskar Bergmans Beispiel zu folgen und leicht verkäufliche Birken vor blauem Himmel zu produzieren, war für ihn unvorstellbar. Diese Möglichkeit existierte schlichtweg nicht. Da hörte er lieber ganz auf zu malen. Vielleicht brauchte er am Ende aber auch nur ein Zuhause und etwas Erde. Berghagen erzählte außerdem die Geschichte, wie Ågren ihm damals mitteilte, dass er geheiratet hatte. Eine von ihnen, muss hinzugefügt werden; die Anekdote kursiert in verschiedenen Varianten, weshalb wir ihr lediglich als Scherbe in einem Mosaik Glauben schenken wollen: »Er war häufig mein Gast, aber nach seiner Ausstellung 1933 verschwand er für längere Zeit. Eines Nachmittags tauchte er dann allerdings zugeknöpfter als gewöhnlich wieder auf und wirkte nicht sonderlich fröhlich. Unsere Unterhaltung wollte auch nicht recht in Schwung kommen und auf meine Frage, wie es ihm gehe, kam es dann: ›Ich habe geheiratet.‹ Es war eine Bombe, die Anlass zur nächsten Frage gab, wer die Glückliche sei. ›Sie soll aus Härnösand stammen.‹ So gab er seine Eheschließung bekannt.« Oh ja, es war eine Bombe. Dass er, ausgerechnet er, heiraten würde, hätte sich keiner jemals vorstellen können. Die einzigen Frauen, die bis dahin in den Erzählungen über ihn auftauchten, waren seine Mutter und seine Schwestern, die alle ein wenig besorgt und beschützend gewesen sein sollen. Über erotische Eskapaden weiß man nichts außer einer kryptischen Aussage von Lars Larsson, dem Jugendfreund auf Rödön. Ganz beiläufig beschrieb er den jungen Ågren als »ziemlich unverheiratet«.

Wie schwer kann es schon sein zu bleiben? Die Schwestern Laserstein mussten im Übrigen auch an ihre alte Mutter denken, sodass sie versuchten, sich an das herrschende gesellschaftliche Klima anzupassen, das sich nicht auf einen Schlag veränderte, ganz und gar nicht, sondern Zug um Zug, über mehrere Jahre hinweg.

Auf Reispapier zu malen war für Lotte Laserstein kein Problem, Erich Wolfsfeld, der Meister, hatte ihr alles beigebracht, was er auf diesem Gebiet beherrschte, und als sie ihre Bilder nicht mehr in Deutschland ausstellen durfte, zeigte sie ihre Arbeiten auf privaten Ausstellungen, oder schickte sie ins Ausland. 1937 nahm Laserstein mit zwei Gemälden am *Salon d'automne* in Paris teil. Natürlich überlegte sie inzwischen, fortzugehen, eventuell nach Italien, um Luft zum Atmen zu bekommen und die Erlaubnis zu erhalten, sich ihren Lebensunterhalt zu verdienen, aber sie zögerte, wie die meisten, denn die Schreckensherrschaft zeigte sich vorläufig nicht so, dass die Menschen in blinder Panik flohen. Geld auszuführen war natürlich nicht gestattet, aber noch konnte man reisen, und wer irgendwo Freunde hatte, durfte sie besuchen, und so kam es, dass Lotte Laserstein in jenem Sommer, im August 1937, nach Stockholm fuhr. Sie blieb einen Monat bei Bekannten, malte ein paar Landschaften, verkaufte die Bilder, freute sich und nutzte die Gelegenheit, wenn sie schon einmal in der Stadt war, um sich nach Möglichkeiten umzuhören, irgendwo auszustellen. Nachdenklich betrachtete der Direktor des Nationalmuseums die

Fotografien, die sie ihm von ihren Bildern in Berlin zeigte, und empfahl ihr anschließend die Galerie Moderne in der Nybrogatan, in dem imposanten Gebäude des Königlich Dramatischen Theaters. Signe Schulz und Alice Lagerbielke, Schwestern aus der Oberschicht, könnten möglicherweise Interesse haben. Die beiden beantworteten ihre Anfrage im Oktober und wollten wissen, ob sie schon im Dezember kommen könne.

101

Waagerecht, fünf Buchstaben: »Unterdrückter und unglücklicher Bürger in der Peripherie« – Bauer. Es heißt zuweilen, unsere Zeit gleiche den dreißiger Jahren, aber das stimmt nicht. Flüchtlinge hat es zu allen Zeiten gegeben, innerhalb der Länder und zwischen ihnen. Zwang und Sehnsucht wechselten sich ab. Als ich nach den hübschen Plattitüden der Kritiker über Ågrens Ausstellung in der Galerie Moderne suchte, verlor ich mich tagelang in den Zeitungen und erinnerte mich beim Anblick der Wohnungsannoncen an Gunnar Ekelöfs Worte aus dem Essay *Die Zeit der literarischen Sommerhäuser* über die dreißiger Jahre, über die Flucht aufs Land vor den Möglichkeiten der Wirklichkeitsflucht in der Großstadt. Anderthalb Jahre nach dem Zusammenbruch des Kreuger-Imperiums steckte der Wohnungsmarkt in der Krise; leer stehende Wohnungen gab es überall, aber kein Geld. Es gab Arbeitssuchende, aber keine Jobs. Im Oktober 1933 sind die Zeitungen nicht nur voll von Berichten aus dem

Deutschen Reich, dessen Entwicklung in dem Jahr auch das *Svenska Dagbladet* als eine Massenpsychose beschreibt, sondern auch, und besonders, von der Unruhe, die sich im eigenen Land ausbreitet. Die deutsche Aufrüstung, die schon bald die schwedische Industrie in Schwung bringen wird, läuft noch nicht auf Hochtouren und die Arbeitslosigkeit ist deshalb hoch, sehr hoch; sie ist so groß, dass viele Menschen in die Sowjetunion auswandern. In erster Linie sind es Kommunisten aus den Bergbauregionen, aber auch andere. Selbst aus den USA, wo die Wirtschaft völlig zusammengebrochen ist, reisen Schweden zu den Sowjets, um sich Arbeit zu suchen. Noch im Oktober 1931 diskutierte der Stadtrat von Västervik die Frage einer finanziellen Unterstützung aus öffentlichen Mitteln für all jene, die sich dort Arbeit beschaffen, unter Stalins Regime. Zwar kursieren die ersten Gerüchte, dass dort vielleicht nicht alles zum Besten stehe, aber Genaues wusste keiner. Und in Palästina kommt es zu Krawallen; Proteste gegen die Zuwanderung deutscher Juden.

102

Die Glückliche hieß Elisabeth Bergström (1898–1962) und stammte in der Tat aus Härnösand. Ob die Ehe mit Olof Ågren für sie ein Volltreffer war, darüber lässt sich leider nur spekulieren. Einiges deutet auf das Gegenteil hin. Weiß der Himmel, wie die beiden sich kennenlernten, aber ich habe einen undatierten, zerknitterten Brief gefunden, den sie ihm vor der Vermählung schickte und der leicht besorgniserregend beginnt. »Lieber Freund, ich möchte zu dir. Ich sehne mich nach einem Zuhause. Ich habe nur solche Angst, zu einer Belastung für dich zu werden. Aber vielleicht finde ich ja Arbeit und verdiene selbst ein bisschen Geld. Momentan besitze ich keinen Pfennig, nicht einmal für die Reise zu dir.« Sie war eine einsame, völlig verarmte Frau Mitte dreißig, in Zeiten wirtschaftlicher Depression, Mitte der dreißiger Jahre, als die Arbeitslosigkeit ihren höchsten Stand erreicht hatte und das gesellschaftliche Klima rasch härter wurde. Einen Bauernhof kann man schlecht allein bewirtschaften, ganz gleich, wie lange man seinen eigenen Weg gegangen ist und in einer von exzentrischen Männern bevölkerten Welt so frei wie die Vögel am Himmel gelebt hat. Kühe, Schweine, Pferd, Hühner und Frau. Nein, das ist ungerecht. Ganz so schlimm war es vielleicht doch nicht, aber man hat mir andeutungsweise gesagt, mit leiser Stimme und gesenktem Blick, dass diese Ehe nie vollzogen wurde. Zwei Jahrzehnte später erzählte sie in einem Brief, dass sie sich schon in den zwanziger Jahren kannten, als sie Haushälterin bei einer Familie war, bei Bekannten von ihm, in Äppelviken, Bromma, wohin er an einem Wintertag zu Fuß von Södermalm kommend eintraf, bekleidet mit »einem Raglanmantel, der grässlich schlecht genäht war, und mit einem braunen, flachen, großen Velourhut auf dem Kopf.« Raglan ist die Bezeichnung für einen Mantel, dessen Ärmelform daher rührt, dass dem Namensgeber, dem britischen Feldmarschall Lord Raglan, während der Schlacht von Waterloo der rechte Arm abgeschossen worden war. Ågren soll daraufhin sieben Jahre lang eine mögliche Heirat zur Sprache gebracht haben, bis sie endlich, auf Anraten ihres Bruders, ihre Einwilligung gab: »Das Leben mit Olle ist häufig unerträglich gewesen. Originelle Menschen sind sicher eine feine Sache, aber man sollte besser nicht mit ihnen verheiratet sein.«

103

Nils Bucht war Kommunist, geboren 1910 im nordschwedischen Tornedalen. Er gehörte zu den Menschen, die nie in ihre Heimat zurückkehrten. Als die Massenarbeitslosigkeit damals, 1932, um sich griff, klaute er ein Fahrrad und machte sich auf kleinen Straßen auf den Weg durch das nördliche Finnland, auf der Suche nach Arbeit und Brüderlichkeit in der Sowjetunion. Vielleicht auch nach Freiheit. Er ließ seine schwangere Verlobte zurück und schuftete schließlich als Holzfäller und Sägewerksarbeiter in den Wäldern südlich der Stadt Petrozavodsk in Karelien. Frisch gewagt ist halb gewonnen. Er hatte zumindest Arbeit. Und er war nicht allein; Tausende Ausländer, auch viele Amerikaner, kamen in die Gegend, um sich etwas Neues aufzubauen. So war das in den dreißiger Jahren, alles stand auf der Kippe, und was sich dauerhaft lohnen mochte, wusste kein Mensch. Ich bin mir jedenfalls ziemlich sicher, dass Nils Bucht und seine Genossen im Osten Momente des Glücks erlebten, und an die Zukunft glaubten, jedenfalls anfangs. Er heiratete eine andere Einwanderin, eine Finnin, und sie bekamen ein

Kind. Die Sommernächte in Karelien können sehr schön sein. Dass Stalin wahnsinnig werden würde, oder es womöglich schon war, dürften sie kaum geahnt haben. Als es dann aber so kam, verheddorte sich auch Nils Bucht wie so viele andere Einwanderer im Netz der paranoiden Säuberungen. Man warf ihm kontrarevolutionäre Aktivitäten vor und richtete ihn mit einem Genickschuss in einer Kiesgrube am 21. April 1938 hin. Da war er achtundzwanzig Jahre alt. Nur einer von vielen.

104

Auch das Gemälde *Eva* (1930) kann prophetisch gelesen werden, obwohl die Künstlerin gewiss nicht die Absicht hegte, die traurig-brutale Geschichte der dreißiger Jahre zu erzählen: Ein großes Gemälde auf einem Holzuntergrund, gleichsam hart. Eva in der Gestalt Traute Roses bietet dem männlichen Modell, wie es sich gehört, einen Apfel an, wenngleich mit einem gewissen Zögern. Er sieht seinerseits wie eine Statue oder ein ausgestopftes Raubtier aus einem naturhistorischen Museum aus. Deshalb könnte man wohl ebenso gut sagen, dass dieses Gemälde die Frage beantwortet, wer letztlich wen besitzt. Es ist eine Allegorie über die Kunst, Macht auszuüben. Ich habe mich lange gefragt, was die Putzfrau in Kalmar wohl dachte, wenn sie den Rahmen abstaubte.

Lotte Laserstein gelang es, ihre gesammelten Werke mit-
zunehmen. Am 15. Dezember 1937, drei Tage vor der Aus-
stellungseröffnung, traf sie in Stockholm ein. Ich bin mir
nicht sicher, ob sie sich als Flüchtling oder nur als eine
Auswanderin sah; zur Reichspogromnacht kam es erst ein
Jahr später, und bis dahin gab es einen gewissen, wenn
auch schrumpfenden Spielraum für Wunschdenken. Ihr
Visum hatte übrigens nur eine Geltungsdauer von drei
Monaten, und noch konnten Juden zurückkehren, wenn
sie es wollten. Das *Folkets Dagblad* schrieb:»In der Galerie
Moderne stellt eine deutsche Jüdin aus, Lotte Laserstein.
Sie verfügt über eine gründliche akademische Ausbildung, wovon nicht zuletzt ihr ›Selbstporträt mit Katze‹
zeugt. Gelegentlich muss man zugeben, dass ihre Treue
zur Wirklichkeit in gewisser Weise peinlich werden kann,
so geschickt sie auch ausgeführt sein mag. Vielleicht
liegt es bis zu einem gewissen Grad an ihrer Beschrän-
kung in der Farbgebung. Das bereits erwähnte Selbstporträt – nicht zuletzt die Katze – ist jedoch eine wahre
Illusionsnummer! Ich muss jedenfalls zugeben, dass Lotte Laserstein eine Künstlerin von Rang ist. Sie mag in gewissen künstlerischen Manierismen gefangen sein – und
welcher Künstler ist das nicht? –, aber als Psychologin besitzt sie, vor allem in ihren sanft und sensibel gestalteten
Kinderporträts, einen so eindringlichen wie einnehmen-
den Charme. Ich möchte insbesondere ›Zwei Mädchen‹
und ›Junge Malerin‹ hervorheben.« Und in *Aftonbladet*
schreibt Nils Palmgren:»Die Malerin steht deutlich unter

dem Einfluss älterer deutscher Kunst, vor allem vielleicht von Holbein und Liebl, aber auch der hypermodernen wie zum Beispiel Käthe Kollwitz. Die Ausstellung erweckt unser Interesse vor allem durch ihre nahezu fanatische Kunstfertigkeit.« Oh ja, es war wirklich die Zeit der Fanatiker. Dieser Palmgren war es im Übrigen auch, der seine Rezension damit einleitete, die Malerin als »eine junge Dame nicht arischen Typs« zu beschreiben.

106

Eines der letzten großen Gemälde Ågrens trägt den Titel *Pastorale*. Zwei Betrunkene, die der Legende nach die Künstler Isaac Grünewald und Bertil Bull Hedlund sein sollen, sitzen an einem Tisch nahe einem Teich in einer wogenden Landschaft mit Orangenbäumen, Ochsen, Eseln, Schafen, Ziegen und vor allem Frauen und einigen Männern, die tanzen und baden oder, scheinbar grundlos, nackt sind. Es scheint eine ganze Geschichte zu sein, unklar worüber. Vielleicht wusste er es selbst nicht, sondern erzählte nur, halb unbewusst, von etwas, wovon er ursprünglich nur eine vage Auffassung, ein Gefühl hatte. Manchmal versteht man hinterher, und sei es auch nur, dass die Niederlage nahe ist, dass etwas zu Ende gegangen ist. Jedenfalls wurde das Bild 1935 als ein Meisterwerk gefeiert, und zwar eigenartigerweise auf einer vom Carnegie Institute organisierten internationalen Ausstellung in Pittsburgh, USA. Wie die *Pastorale* dorthin gelangte, ist mir ein Rätsel, aber im Katalog nimmt das Bild eine ganze Seite ein, geträumt habe ich es also nicht. Deshalb weiß ich auch, dass auf dem Bild zu Anfang eine Blaskapelle zu sehen war, die er später übermalte. Das Gemälde wurde nämlich nicht einmal in Göteborg verkauft, wo Ågren und Oskar Bergman im Jahr darauf eine große gemeinsame Ausstellung hatten. Die *Pastorale* und *Die Mandelpflückerin* waren damals die teuersten Bilder, offenbar zu teuer, denn sie blieben bis zum Tod des Künstlers in seinem Besitz. Ågren sollte also alle Zeit der Welt haben, sich über die Tuba des Blasorchesters in der rechten unteren Ecke des Gemäldes aufzuregen, oder sich ihretwegen zu schämen: Weg, weg damit! Bei der *Mandelpflückerin* war es das Gleiche. Auch dieses Bild wurde nicht verkauft, sondern begleitete ihn nach Flivik, wo die Leiter verschwand, die die Mandelpflückerin benutzt hatte, um in den Baum hinauf zu gelangen.

107

Elisabeth und Olof Ågren zogen 1938 nach Flivik. Zunächst hatten sie sich eigentlich für einen anderen Hof entschieden, denn damals standen viele Gehöfte zum Verkauf, aber weil Ågren sich seit Neuestem für Grafologie interessierte, scheiterte das Geschäft kurzfristig aus dem einzigen Grund, dass ihn die Handschrift des Verkäufers misstrauisch stimmte. Kein Zweifel, ein Bandit. In Flivik sah der Schriftzug besser aus und an dem Hof war im Übrigen auch nichts auszusetzen, wenn man davon absah, dass das Wohnhaus kaum bewohnbar war. Ein uraltes Holzhaus mit Hausbockkäfern in den Wänden, zugig und in jeder Hinsicht baufällig, aber das war ihm egal. Das Anwesen lag wunderschön, am Dorfrand, nur einen Katzensprung vom Meer entfernt, und der Stall stand auch noch. Dazu gehörte genügend Land, um ihnen ein Auskommen zu sichern, gut zwanzig Morgen Acker, Wiese und Wald sowie eine Seehütte und Fischgewässer. Heute wäre das ein Traum für unterstimulierte Städter, ein Luxusobjekt, aber damals war es wohl eher erforderlich, dass man sich an den letzten Krieg erinnerte, als in Schweden all die am glimpflichsten davonkamen, die eigenes Brennholz sowie ein Stück Land besaßen, auf dem man Kartoffeln anbauen konnte. Es war keine Idylle, aber Elisabeth war so strebsam, dass sie einen Garten anlegte, terrassiert wie ein Weinberg und so wunderschön, dass einem ganz flau wird, wenn man darinsteht, denn es gibt ihn noch heute. Ob es ihr gelang, Arbeit zu finden, ist mir nicht bekannt, aber wenn man bedenkt, wie sehr sie verarmten, denke ich es eher nicht. Das Leben in Flivik war ein Elend, aber zum Glück schrieb sie gern Briefe und kleine Geschichten, die heute als die wichtigste Quelle für das Wenige gelten, was über ihren Mann bekannt ist, den ehemaligen Maler und Vagabunden Olof Ågren.

108

Mein erster Kontakt mit Flivik, außerhalb der Karte über die Provinz Kalmar, ergab sich daheim in Västervik, als einer unserer Nachbarn jene spezielle Form des Gleichgewichts des Schreckens auf das nächste Level hob, das man in allen Eigenheimsiedlungen studieren kann, in denen die Bewohner versuchen, einander mit ihren stilvollen Rasenflächen, Thuja-Hecken, Gartenpavillons, Gemüsegärten und so weiter zu übertrumpfen. In dem Straßenstück, in dessen Nähe ich aufwuchs, stehen die Gründerzeithäuser auf der einen Seite, an einem Hang mit Aussicht aufs Meer. Da die allgemeine Auffassung von gutem Geschmack beinhaltete, dass ein Garten für Krocketspiel und ähnliche Aktivitäten zumindest teilweise flach sein sollte, existierte kaum eine andere Möglichkeit, als eine Mauer hochzuziehen und das Grundstück an dieser mit Erde aufzufüllen. So machten es alle. Die Ausnahme von dieser Regel bildete ein älteres Haus, das einzige, das dort schon in meiner Kindheit stand, und dessen Besitzer gemäß eines anderen unausrottbaren und weltweit verbreiteten Brauchs seinen Garten mit planlos verteilten, unfassbar hässlichen Autowracks füllte, und damit unübersehbar auf den Klassenunterschied zwischen ihm und den anderen hinwies. Jedenfalls war der Höhepunkt des Mauerbauwettbewerbs erreicht, als es einem der Nachbarn gelang, in Flivik eine größere Menge von riesigen, zu Würfeln gehauenen Steinquadern zu erwerben. Jeder von ihnen wog gut und gern zwei Tonnen. Mit diesen Monsterblöcken errichtete er seine Mauer, und schon erblassten alle vor Neid. Dabei war das erst der Anfang.

Der eigentliche Gnadenstoß erfolgte, als der Besitzer der Gartenmauer ganz beiläufig eine Bemerkung über die Herkunft der Steine fallen ließ. Diese hätten nämlich unten in Flivik schon seit der Schlacht von Stalingrad herumgelegen und Staub angesetzt, erklärte er, denn Hitler, der offensichtlich ausgesprochen optimistisch veranlagt war, hatte sie für ein Siegesdenkmal bestellen lassen. Wenn das Dorf überhaupt für etwas bekannt ist, dann für seine Steinindustrie; noch heute existiert im dortigen Wald ein Granitsteinbruch, der aussieht, als hätte Stephen Spielberg ihn sich ausgedacht, so brutal und tief ist er – die Bagger auf seinem Grund sehen aus wie Insekten. Während der ersten Hälfte des 20. Jahrhunderts wurden überall in dieser Gegend Steine abgebaut. Das meiste wurde exportiert, nicht zuletzt nach Deutschland. Albert Speer soll gigantische Mengen schwedischer Steine für seine Welthauptstadt Germania bestellt haben, sodass bei Kriegsende grob geschätzt 20000 Kubikmeter sogenannter Hitlersteine in Småland, Blekinge und Bohuslän herumlagen und darauf warteten, ausgeliefert zu werden. Vieles davon übernahm der schwedische Staat, aber manche Partien gelangten im Laufe der Zeit auch auf den privaten Markt. In Flivik war die Bestellung, wie gesagt, für ein Siegesdenkmal gedacht gewesen, und man erzählt sich, dass die Blöcke von einer weiter nördlich gelegenen Steinmetzwerkstatt gekauft wurden, der das Kunststück gelang, sie nicht weniger als drei Mal zu veräußern. Die beiden ersten Käufer erkannten viel zu spät, dass sie etwas käuflich erworben hatten, was sich nur sehr schwer würde transportieren lassen.

110

Die Kritik war zwar harsch, aber bildende Künstler weiblichen Geschlechts konnten damals schon froh sein, wenn sie nicht einfach abgespeist oder totgeschwiegen wurden. Man vergisst so schnell. Heute sind Ärzte, Pfarrer, Künstler, Biologen in der Mehrzahl Frauen und man vergisst leicht die überhebliche Feindseligkeit, die nur wenige Jahrzehnte zuvor herrschte. Immerhin bekam sie eine, wenn auch kleine, Rezension in der Zeitschrift *Konstrevy.* »Lotte Lasersteins Gemälde und Zeichnungen sind Beispiele für die derzeitige deutsche akademische Kompetenz. Es mutet seltsam an, eine junge Malerin zu sehen, die sich an den malerischen Erfahrungen vorheriger Generationen orientiert. Den Arbeiten fehlt trotz ihres handwerklichen Geschicks außerdem die Intensität, die erforderlich wäre, um unser Interesse zu wecken. Am besten und spontansten ist sie in einigen Studien von Kinderköpfen.« Die Notiz ist sogar mit einem Bild illustriert, von irgendeinem Kind, ein Foto, kleiner als eine Briefmarke, und die waren damals weiß Gott nicht groß. Wenn mich nicht alles täuscht, ist es das mit Abstand kleinste Bild von einem Kunstwerk in der langen und ehrenvollen Geschichte dieser Zeitschrift. Lotte Laserstein beschloss jedenfalls, in Schweden zu bleiben und zu versuchen, ihre Mutter und Schwester zu sich zu holen, denn die Zeit wurde allmählich knapp.

111

Ich hatte einmal einen Bekannten in Halmstad, der die Grundlage für sein Vermögen legte, indem er im Tausch gegen eine kleinere Menge polnischer Lederjacken, die er irgendwo erworben hatte, eine große Menge Gummiabsätze übernahm. Er hieß Yngve. Die Absätze erwiesen sich als schwer verkäuflich; sie waren im Krieg produziert worden und enthielten so viel Kohle, dass sie auf dem Fußboden hässliche Spuren hinterließen, wenn man auf die Idee verfiel, sie tatsächlich zu benutzen, und nicht bloß mit ihnen zu handeln. Deshalb blieben sie in irgendeinem Lager liegen. Erst Jahre später gelang es ihm, sie an einen Großhändler in Borås zu verkaufen, und damit hätte die Geschichte beendet sein können, aber das ist sie nicht, denn der Mann, der die Absätze kaufte, holte sie niemals ab, und als Yngve sich nach einer Weile bei ihm meldete, stellte sich heraus, dass der Käufer das Interesse an der Ware verloren hatte. Mit den Absätzen dürfe Yngve machen, was er wolle. Jahre gingen ins Land, bis er, Anfang der sechziger Jahre, einen Hof in den Wäldern bei Hishult kaufte, um dort ein Gestüt für Trabpferde aufzubauen. In Spitzenzeiten hielt man dort mehr als fünfzig Pferde, und in dieser Phase fand Yngve, dass die Absätze im Weg waren, sodass er beschloss, sie in Hishult auf dem Heuboden zu verstauen. Sie füllten die gesamte Ladefläche eines Lastwagens; seine Frau Svea kutschierte die Fuhre. Sie hatte im Krieg in der Lotta-Bewegung Bereitschaftsdienst geleistet und war seit jener Zeit eine geübte Lastwagenfahrerin. Nun gut, die Absätze wurden in die Scheune geräumt, wo sie in Vergessenheit gerieten – und liegen blieben, als das Gestüt Anfang der siebziger Jahre an einen Zahntechniker aus Tyresö verkauft wurde, den eine plötzliche Sehnsucht nach einem Leben auf dem Land übermannt hatte. Die Umweltbewegung hatte zu diesem Zeitpunkt ihren Höhepunkt erreicht; sein Wille war allerdings größer als sein Können, sodass er mit Pferden nur sehr bedingt erfolgreich war und stattdessen in der Scheune, in der Yngves Absätze noch sicher verwahrt lagen, eine illegale Autowerkstatt eröffnete. Ein auf Abwege geratener Schweißfunke aus dieser Werkstatt war dann die Ursache dafür, dass die Scheune abbrannte. »Merkwürdig schwarzer Rauch stieg zum Himmel auf«, wie es im Lokalradio hieß, womit die Geschichte von den Absätzen endete. Fast. Die eigentliche Pointe des Ganzen ist nämlich, dass sie die ganze Zeit versichert gewesen waren, und es Yngve nach dem Brand gelang, einen erstaunlich hohen Betrag für sich herauszuschlagen. Was sich lohnt, pflegte er zu sagen, weiß man immer erst hinterher.

112

Nach drei Monaten musste Lotte Laserstein ihr Visum verlängern lassen. Das war im März 1938, ein halbes Jahr vor der Reichspogromnacht, in der Hunderte Synagogen in ganz Deutschland niedergebrannt und Tausende jüdische Geschäfte verwüstet wurden: überall zerbrochenes Glas, überall, wie Eiskristalle. Das wissen wir alle. Ihrem Schreiben an die Ausländerbehörde kann man entnehmen, dass sie in der Lage war, ihren Lebensunterhalt selbst zu bestreiten; während ihres kurzen Aufenthalts im Land hatte sie nicht weniger als zwölf Porträts gemalt und geliefert, an angesehene Schweden, von denen nun einige schriftlich bestätigten, dass sie alle Voraussetzungen mitbrachte, sich von ihren künstlerischen Arbeiten ernähren zu können. Signe Schulz und Alice Lagerbielke war es mit ihren Beziehungen in die besseren Kreise gelungen, Laserstein in ein Milieu einzuschleusen, in dem gemalte Porträts noch ein gebotenes Einrichtungsdetail waren: Grafen und Fabrikdirektoren und ihre dekorativen Frauen. Ruben Rausing, der nach dem Krieg Tetra Pak gründen und damit den Grundstein für eines der größten Vermögen aller Zeiten legen sollte, war nur ein Name in einer Reihe von Leuten, die ausdrücklich bescheinigten, dass unser Land gut damit würde leben können, wenn sie weitere drei Monate bleiben durfte. Sie selbst gab ausschließlich künstlerische Gründe an und nicht, dass sie Jüdin war und in ihrem Heimatland Gefahr lief, unter die Räder zu kommen. Sie wolle sich mit der schwedischen Landschaft vertraut machen, schrieb sie, und ihre eigene Porträtmalerei weiterentwickeln, indem sie Anders Zorn und andere Vorbilder studierte, die sie bereits während ihres Studiums in Berlin beeindruckt hatten. Und da sie in einem Elternhaus aufgewachsen war, in dem man sich nie für Religion interessiert hatte, trug sie als Antwort auf die Frage nach ihrer Religionszugehörigkeit auf dem Formular »Dissident« ein. Dem Antrag wurde stattgegeben und an diesen ersten Porträts gibt es auch wirklich nichts zu mäkeln, vor allem nicht, wenn man bedenkt, in welch bescheidenen Verhältnissen sie lebte, untergebracht in einer einfacheren Absteige namens Hotel Germania, in der Drottninggatan 32, wo heute das Stockholmer Stadttheater steht, im Herzen des Klaraviertels, das heute nicht mehr existiert. Sie malte buchstäblich um ihr Leben, aber das wusste zu diesem Zeitpunkt natürlich noch keiner.

113

Hinterher ist man immer schlauer. Und nichts ist einfacher, als sich der Männer der schreibenden Zunft zu erinnern, die falschlagen. Was mich allerdings nicht daran hindert, mich der dünnen Luft zu entsinnen, in der Künstlerinnen lange arbeiten mussten. Einen konservativen Autor wie Albert Engström zu zitieren, ist natürlich billig, aber auch ich kann seine Kritik zur »Ausstellung der Frauenzimmer«, 1921, in der Kunsthalle Liljevalchs, in der er über Sigrid Hjertén, Siri Derkert und andere urteilte, nicht einfach achselzuckend hinnehmen: »Es ist eine Schande für das gesamte weibliche Geschlecht, einen solchen völligen, ja, widerwärtigen Mangel an Talent auszustellen, in schmutzigen Farben, unintelligent anmaßend, Nachahmung, ein Affenspektakel, Idiotie. Für derartigen Müll sind diese Räume wahrlich nicht gedacht.

Wenn sich herausstellt, dass es den Frauen selbst in einem solchen Maße an Selbstkritik gebricht, sollte ihnen verboten werden, sich und das Land so ungeheuerlich zu blamieren wie jetzt geschehen. Da es nun aber Frühling wird, hoffe ich, dass die Frühlingsgefühle bei den malenden Wahlrechtbesitzerinnen die Oberhand gewinnen werden, sodass sie sich von diesem unwürdigen Spiel mit an sich schönen Farben und jungfräulichen Leinwänden fernhalten. Schwärmet aus und liebt, ihr kleinen Goldkindchen! Dazu seid ihr besser geeignet.« Ach ja. Und Gustaf Näsström! Er hatte nicht einmal Humor:»Pastichekunst, Imitation, geistiger Diebstahl, ein schlangengleich weiches und ungeniertes Anpassungsvermögen, wie es sich für die Frau in der Ehe geziemt, nicht aber an der Palette.« Das Wahlrecht für Frauen wurde in Schweden übrigens erst 1921 eingeführt. Albert Engström wurde 1922 in die Schwedische Akademie aufgenommen. Gustaf Näsström war einer von Olof Ågrens beharrlichsten Anhängern.

114

Es kommt nicht oft vor, dass man einen Hausbock sieht. Ein stattliches Tier, um einiges größer, als Käfer es im Allgemeinen sind. Man bekommt sie selten zu Gesicht, weil sie sich nach dem Schlüpfen in Windeseile paaren und anschließend sterben, woraufhin die ganze Prozedur mit dem Larvenstadium, das sich im Inneren eines Holzbalkens abspielt, von vorn anfängt. Bis zu zehn Jahre sind die

Larven beschäftigt; langsam, aber sicher nagen sie sich durch den zundertrockenen Dachstuhl, ohne jemals das Tageslicht zu erblicken. Man fragt sich, woran sie denken, vor allem während der zweiundzwanzig Stunden am Tag, in denen sie nicht nagen, sondern einfach nur daliegen, mucksmäuschenstill in ihrem engen Tunnel. Wahrscheinlich an nichts, aber wenn ich einfach nur daliege, was ich gern tue, denke ich mit Vorliebe an sie und wie sie nach Schweden kamen. Der Hausbock ist ein später Einwanderer aus südlichen Gefilden, der während des Kriegs auf dem Vormarsch war, als man alte Holzhäuser in Brennholz verwandelte, das kreuz und quer durch das ganze Land transportiert wurde. Nicht zuletzt rund um Stockholm gab es damals reichlich Hausbockkäfer, und der mediale Durchbruch gelang ihnen, als eine ganze Brigade von Hausbocklarven es mit vereinten Kräften schaffte, den Kirchturm in Toreskov zum Einsturz zu bringen. Das war 1947: ein Spektakel, von dem man sich bis heute erzählt. Danach ging es jedoch bergab. In Småland und weiter südlich leben noch Hausbockkäfer, aber in der Region des Mälarsees scheint die Art verschwunden zu sein. Das Exemplar, das ich im Sommer nach dem Fall der Berliner Mauer in der Küche des Nachbarn fand, ist meines Wissens das letzte, das jemand gesichtet hat. Heute existiert der Hausbock nur noch als ein Phantom, ein Schatten aus früheren Zeiten, in den Ankündigungen potenziell nahender Katastrophen der Gebäudeversicherer.

»Ein Außenseiter und schlechter Epigone.« Als Ågren ge-
beten wurde, für die Publikation *Schwedische Malerei der
Gegenwart*, die 1936 gedruckt wurde, eine Selbsteinschätzung abzugeben, beschreibt er sich mit diesen Worten.
Es sind wohl eher nicht seine eigenen Worte. Als Außenseiter wurde er schon früh von anderen bezeichnet,
und wahrscheinlich hat irgendein engstirniger Kritiker auch das Schimpfwort »schlechter Epigone« ausge-
spuckt, und ich schätze, dass er Kritik nicht ertragen
konnte, weder wohlwollende noch negative. Anschließend erinnert er sich an eine Textstelle aus *Die Sprüche
Salomos:* »Ein Narr, wenn er schwiege, würde auch für
weise gerechnet, und verständig, wenn er das Maul hiel-
te.« Ågren ergänzt: »Ein vortrefflicher Spruch für den
Feigen, Faulen und Listigen.« Es gibt etwas, das er trotz
allem sagen will. Allerdings nicht über sich selbst, sondern über die Stadt. Stockholm. Es ist eine bittere Epis-
tel. Warum, fragt er, fliehen die Menschen in die Wälder,
um »wie Neger und Indianer zu wohnen und zu leben?«
Und antwortet: Die Stadt sei zerstört. Autos verpesteten
die Luft und raubten einem jede Freude darüber, was vor
Kurzem noch eine pittoreske Idylle war. Die Stadt werde
nur aus Profitgier gebaut; wie von einer schleichenden
Seuche befallen, zum Beispiel Lepra, fülle sich ihre Mitte mit »Banken-, Hemden-, Hosen- und Krawattenpaläs-
ten«. Zu Fuß zu gehen lohne sich nicht mehr, schreibt er,
und träumt sich fort in eine Vision, in der sich die Autos auf den Straßen drängeln müssen, während die Fuß-

wege unter dem Himmel verlaufen, hoch, über schmale Brücken und auf den Flachdächern der Häuser. Aber es ist alles längst verloren. »Die Architektur ist eine typische Kunst des Kompromisses. Als wirkliche Kunst kann sie kaum andernorts leben als unter einer Diktatur. Und selbst dann wäre es erforderlich, dass der Diktator Architekt ist.« Vielleicht findet man hier die Antwort auf die Frage, warum er fortging. Außerdem würde es Krieg geben. So gesehen tat er das Richtige, als er Stockholm verließ. Weiter dort zu hocken hätte sich als verhängnisvoll erweisen können, wenn der Russe kam, oder die Deutschen, vielleicht auch andere.

116

Als Hitler die Macht ergriff, hielten sich eine halbe Million Juden in Deutschland auf, von denen es gut 300 000 gelang, vor dem Kriegsausbruch im September 1939 außer Landes zu fliehen. Die meisten erhielten eine Freistatt in den USA, zu den großen Aufnahmeländern gehörten jedoch auch Palästina, Großbritannien, Frankreich, Brasilien und Argentinien. In Schweden war die »Judeninvasion«, wie sie in der Presse genannt wurde, eine äußerst bescheidene Angelegenheit. Anfang 1938, als Lotte Laserstein eine Verlängerung ihrer Aufenthaltsgenehmigung beantragte, hielten sich gerade einmal 2000 Deutsche jüdischer Herkunft im Land auf. In der Rückschau lässt sich leicht erkennen, was schiefging und warum. Auch die Mosaische Gemeinde in Stockholm

musste sich später Kritik gefallen lassen, aber in Lasersteins Fall war sie mit ihren Bemühungen, eine Frau im
Land zu halten und damit ihr Leben zu retten, erfolgreich. Später, im Krieg, sollte sie sich persönlich in der
Arbeit des jüdischen Hilfskomitees engagieren, unter
anderem, indem sie dessen Broschüren illustrierte, aber
damals, als noch alles auf Messers Schneide stand, war
sie selbst hilfsbedürftig. Einer der in der Gemeinde akti-
ven Frauen, der Journalistin Gerda Marcus, fiel ein, dass
sie einen gebrechlichen älteren Bruder hatte, der endlich, eventuell, zu etwas Wichtigem taugen mochte. Also
hatte sie Sven Marcus (1876–1940), der auf einer Insel in
den Schären verwahrt wurde, per Schiff nach Stockholm
geholt, wo er für eine Ermunterung in bar eine Schein-
ehe einging. Das geschah im Juni 1938, kurz vor Ablauf
von Lasersteins bereits verlängertem Visum. Die mit der
Eheschließung automatisch einhergehende schwedische
Staatsbürgerschaft bedeutete zwar, dass sie nicht nach
Deutschland zurückkehren konnte, ohne Gefahr zu laufen, verhaftet zu werden, aber die Vorteile überwogen.
Fortan stand es ihr frei zu arbeiten, sie brauchte niemanden mehr um Erlaubnis zu fragen, außerdem tat sich so
die Möglichkeit auf, ein Visum für Freunde und Angehörige zu erwirken. Nur wenige Wochen nach der Reichspogromnacht, im Dezember 1938, schickte sie ihr erstes
Schreiben an die Ausländerbehörde.

Das sagenhafte Gemälde Ågrens, das neben dem Text in
Schwedische Malerei der Gegenwart ganzseitig in Farbe wie-
dergegeben ist, ist *Toskanische Landschaft,* gemalt 1922 in
San Gimignano. Es ist eines seiner besten, heute irgendwo im Ausland in einer privaten Kunstsammlung verschwunden. Schon in seiner Jugend war er vom Land
geflohen und hatte danach Stockholm als seine Stadt
geliebt. Während seiner Jahre in der Toskana und der
Provence hatte er dann etwas anderes, etwas Besseres
vielleicht, und Schöneres entdeckt. Dann wurde er von
Verbitterung übermannt: »Es ist die private Profitgier,
die auf die Stadt abfärbt, oder besser gesagt, ihr jegliche
Farbe raubt. An Farbe scheint ansonsten kein Mangel zu
herrschen. Die Malerei gedeiht in Schweden. Die Schweden sind dabei, zu einem malenden Volk zu werden. Es
ist inzwischen ja auch, nach dem Durchbruch der Moderne, ein relativ leicht zu erlernender Beruf. Frauen,
Kinder und Narren malen am besten. Es ist außerdem
eine im wahrsten Sinne des Wortes freie Kunst. Der Maler muss keine Kompromisse eingehen. Kein Polizist
oder Privatkapitalist kann ihn daran hindern, so gut oder
so schlecht zu malen, wie er will oder vermag. Oder wie
sein Gewissen es zulässt. Schade nur, dass diese Kunst,
selbst wenn sie am besten ist, aus einer allgemein kultu-
rellen Perspektive so wenig bedeutet. Sicher nicht so viel
wie die Musik und weniger als die Literatur.«

Und nun wollte er zurück zur Natur.

Sie waren füreinander da. Gerda Marcus (1880–1952) hatte in den zwanziger Jahren als Korrespondentin in Berlin und Wien für die Tageszeitungen *Svenska Dagbladet* und *Dagens Nyheter* gearbeitet, und gehörte zusammen mit der Schriftstellerin Elin Wägner zu den Persönlichkeiten, die kurz nach dem Ersten Weltkrieg die schwedische Sektion von *Save the Children* gründeten. Sie wusste, was zu tun war, und nun galt es erneut, das Netzwerk zu nutzen, um all denen beizustehen, die Hilfe benötigten. Eine Sisyphosarbeit, gewiss, aber eins führte zum anderen, und als sie ihren gescheiterten Bruder verheiratet hatte, ergaben sich Möglichkeiten, weitere Menschen herauszulotsen. Ich erahne gerade Gerda Marcus, ihre Erfahrung und guten Ratschläge, hinter Lasersteins Antrag als frisch gebackene Schwedin auf eine Einreiseerlaubnis für ein jüdisches Mädchen aus Berlin, Anneliese Loewald, die Tochter einer Jugendfreundin. Und da die Frauen im Netzwerk eine Arbeitsstelle als Kindermädchen in einer Stockholmer Familie aus dem Boden gestampft hatten, bekam sie grünes Licht, was wiederum dazu führte, dass ein Jahr später, im Oktober 1939, als Angehörige auch ihre Eltern einreisen durften. Familie Loewald lebte daraufhin etwa zwei Jahre in Stockholm, ehe sie zu einer langen und abenteuerlichen Reise über die Sowjetunion und Japan in die USA aufbrach, wo sie sich schließlich in Chicago niederließ.

Der Hof liegt wirklich schön. Dreimal habe ich ihn im Abstand einiger Jahre besucht und dort jedes Mal den Kleinspecht gesehen. Einen besseren Beweis für die großen Naturwerte des Waldes dürfte es wohl kaum geben; im Grunde kann nur der bei unseren Immobilienmaklern so verbreitete Mangel an Bildung erklären, warum sie das Vorkommen des Kleinspechts im Uferwald und den hohlen Obstbäumen im Garten nie erwähnen, wenn Enthusiasten aus den Städten zu abgelegenen Kätnerhäusern und Kleinbauernhöfen auf dem Land gelockt werden sollen. Andererseits reicht es in der Regel völlig, die Städter im Vorsommer herzulocken, wenn ohnehin alles traumhaft schön ist. So gesehen ist es schlau, Häuser auf dem Land Ende November zu kaufen, in der Dunkelheit und bei Schneematsch, aber Ågren war ohnehin niemand, der Strapazen scheute, und im Übrigen waren gerade Kartoffeln während des letzten Kriegs ein glänzendes Geschäft gewesen. Er lieh sich von seinem wohlhabenden Bruder in Östersund Geld und kaufte den Hof Flivik. Und Elisabeth weinte. Vielleicht nicht gleich am ersten Tag, aber bald darauf, denn sie war klug genug, zu erkennen, wozu Ågren taugte, und wozu nicht, trotz oder vielleicht dank dieser idiotischen Zuversicht, deren Voraussetzung echte Naivität und Routine im Umgang mit Entbehrungen auf der Schwelle zu einer permanenten Katastrophe sind. Außerdem wurde er allmählich paranoid. Schon kurz nach dem Erwerb, als der Krieg gerade ausgebrochen war, schrieb Ågren an Oskar Bergman: »Du bist vermutlich der Meinung, dass ich neue sogenannte Bilder malen sollte. Aber ein so unglücklicher Wicht wie ich kann nicht malen. Es hat ja arme und kranke Maler gegeben, die richtig gut gemalt haben, aber sie wurden auch nicht gehasst. Gehasst von meinen Nächsten genau wie von den Fernsten. Den Hass Letzterer könnte ich mit Gleichmut hinnehmen, dadurch, dass sie wegen der Distanz nicht den einen oder anderen mildernden Umstand entdecken können, aber da mich auch die mir nahestehenden Menschen hassen, muss ich natürlich einsehen, dass ein solcher nicht aufzufinden ist und es mir folglich an allen guten Eigenschaften mangelt. Du bist bald der Einzige, der es noch auf sich nimmt, meine Briefe zu beantworten.«

120

Auch Meta Laserstein kam im Sommer 1939 nach Stockholm, offiziell, um ihre Tochter zu besuchen. Das Geschäft mit der Porträtmalerei lief inzwischen so gut, dass Lotte es sich leisten konnte, in eine Wohnung in der Grevgatan 16 zu ziehen, nur einen Katzensprung vom vornehmen Strandvägen entfernt, und ihre Mutter war im Unterhalt sicher nicht teuer. Trotzdem reiste sie wieder heim. Lotte versuchte, sie zum Bleiben zu überreden, aber die alte Dame kehrte dennoch zurück, ironischerweise am 3. September, jenem Tag, an dem England und Frankreich dem Deutschen Reich den Krieg erklärten. Schließlich hatte sie noch eine zweite Tochter, Käte, die in Berlin kurze Zeit später in den Untergrund ging, denn sie war nicht nur Jüdin, sondern auch lesbisch, eine damals fatale Kombination, und wahrscheinlich fuhr Lotte Lasersteins Mutter aus Sorge um sie wieder nach Hause. Eine weitere Chance bekam sie nicht. In den folgenden zwei Jahren beantragte Lotte immer wieder eine Einreiseerlaubnis für ihre nächsten Angehörigen, aber den beiden blieb die Tür nunmehr verschlossen: »Das Sekretariat für ausländische Passangelegenheiten im Königlichen Außenministerium teilt ehrerbietig mit, dass die für Frau Meta Laserstein beantragte Einreiseerlaubnis nicht bewilligt werden konnte.« Der gesamte Vorgang ist in einer Akte im Reichsarchiv belegt, die voller Briefe und Bittschreiben ist. Abgegriffene Formulare, Ablehnungen, Referenzen, Trauer. Ruben Rausing in Lund garantiert persönlich, sechs Jahre lang den Lebensunterhalt für Lottes Mutter und ihre Schwester zu übernehmen. Sie hätten den schwedischen Staat nicht eine Krone gekostet. Aber Nein heißt Nein. Meta Laserstein, geborene Birnbaum, starb im Januar 1943, fünfundsiebzig Jahre alt, im Konzentrationslager Ravensbrück. Käte überlebte in ihrem Versteck, wenngleich psychisch gebrochen.

121

Isoliert betrachtet ist Olof Ågrens Lebenslauf eine trostlose Geschichte im wahrsten Sinne des Wortes. Erst in Kombination mit anderem gab sie mir etwas. August 1940: »Es sieht ganz so aus, als würde ich in meinem kleinbäuerlichen Elend bald allein sein. Meine geliebte Ehefrau Elisabeth hält es nicht mehr aus. Das tue ich zwar auch nicht, aber ich hänge hier ja fest, bis der Gerichtsvollzieher kommt und auf alles einen Kuckuck klebt. Und was dann aus mir werden soll, weiß ich beim besten Willen nicht. Die Straße.« Er hatte damals zwanzig Tonnen Kartoffeln in der Erde und keine Ahnung, wie er sie herausbekommen sollte. Geld, um Erntehelfer anzustellen, hatte er nicht, und auch wenn er sicher etwas übertrieb, vielleicht um den Mythos über ihn selbst als der Verlorene, Verschwundene, von dem man sich Geschichten erzählt, zu pflegen, erkannten die Freunde in Stockholm doch, dass er dringend Hilfe bei der Kartoffelernte benötigte. Im September überredete Oskar Bergman deshalb eine Clique von Kameraden aus den einschlägigen Kneipen, darunter die Autoren Nils Ferlin und Ivar Lo-Johansson, sich als Kartoffelerntebrigade nach Flivik, Misterhult, Småland zu begeben, um Ågren zu helfen. So machte man das damals, während des Kriegs, man half sich gegenseitig. Doch der Frost kam dazwischen und außerdem, antwortete Ågren in einem Brief, habe er Probleme, Schnaps aufzutreiben. Er besaß kein Einkaufskontrollbuch für den Staatlichen Alkoholladen, was damals bedeutete, dass er keinen Alkohol käuflich erwerben durfte. Und so wurde aus der Reise nichts. Bergman hörte allerdings nie auf, ihm beizustehen; er lieh ihm Geld, jahrzehntelang, und solange es noch etwas zu verkaufen gab, vermittelte er Ågrens Gemälde an geneigte Kaufinteressenten, oder versuchte es zumindest. Ein Freund fürs Leben. Er überlebte Ågren um ein halbes Jahr.

Es ist kein Wunder, dass ihre Bilder schlechter wurden. Wie viele andere Flüchtlinge, die das Glück auf ihrer Seite hatten und mit dem Leben davonkamen, sprach auch Lotte Laserstein nur selten über den Krieg, aber als alte Frau in Kalmar deutete sie einmal an, dass es ihr während der endlos langen Porträtsitzungen in den Häusern der schwedischen Oberschicht, in denen Hitler gerahmt und hinter Glas auf dem Flügel stand, was damals ziemlich weitverbreitet war – zumindest bis zur Schlacht um Stalingrad –, nicht immer leichtgefallen sei, guten Mutes zu bleiben. Lieber erzählte sie von den Freunden, die das Leben trotz allem erträglich machten. Einer von ihnen, Natanael Beskow (1865–1953), war besonders wichtig, da er Leiter der Birkagården Volkshochschule im Stockholmer Stadtteil Vasastan war, an der Lotte Laserstein Schwedisch lernte und auch darüber hinaus einen menschlichen Zusammenhalt in der Finsternis der Betrübnis fand. Beskow stammte aus Hallingeberg in der Provinz Kalmar und war Porträtmaler, Prediger, Radikalpazifist, Rektor, Psalmendichter und Schriftsteller; er stand zwar ein wenig im Schatten seiner Ehefrau Elsa Beskow, der Kinderbuchautorin, aber trotzdem. Er war ein legendärer Freidenker, der zusammen mit dem Volksbildner Gillis Hammar (1887–1981) aus Vickleby auf Öland den Birkagården zu einem sturmsicheren Hafen für Flüchtlinge machte. Laserstein malte die Porträts der beiden mit der gleichen freundschaftlichen Wärme wie früher bei allen Bildern von Traute. Auch andere malte

sie, Freunde wie den legendären Publizisten Torgny Se-
gerstedt und den Schriftsteller Jascha Golowanjuk. Die
gleiche hohe Qualität bei den Auftragsarbeiten zu halten
gelang ihr jedoch einfach nicht.

123

Die Porträtmalerei erfordert einen Blick für das Motiv,
den Menschen hinter der Fassade, nicht nur technische
Schulung. Lotte Laserstein erzählte einmal, dass ihr jemand ein Bild, ein Gruppenfoto mit vielen Menschen,
vorgelegt und anschließend erklärt habe, auf dieser Auf-
nahme, unter all diesen Menschen, befänden sich drei
verliebte Paare. Könne sie diese herauspicken? Das muss
natürlich nicht wahr sein. Die Pointe lautete jedenfalls,
dass sie den verliebten Blick sah, die Körpersprache und
die Richtigen auswählte, was mich an meine Studienzeit
erinnerte, als ich Fotograf werden wollte, und mir einbildete, dass man sehen kann, ob das Foto eines Menschen spiegelverkehrt ist oder nicht. Ich hatte den Plan
ausgeheckt, die Sache bei einer Ausstellung zu überprü-
fen, die ausschließlich aus Porträts bestehen sollte, en
face, und zwar von exakt fünfzig dem Publikum gänzlich unbekannten Personen: Frauen und Männer; Kinder, Erwachsene, alte Menschen. Jedes Porträt würde
aus zwei Bildern bestehen, eines richtig herum und eines spiegelverkehrt. Auf der Vernissage wollte ich die
Besucher dann mit einem Formular versehen, auf dem
sie aufgefordert wurden, hinter jeder Katalognummer

zu markieren, welche dieser insgesamt hundert Bilder spiegelverkehrt waren. Keine Hinweise, nichts. Der Einfall wurde nie in die Realität umgesetzt, aber in Erica Fischers *Aimée & Jaguar* über zwei ineinander verliebte Frauen im Berlin des 2. Weltkriegs sind die Porträts richtig herum und die Furcht vor Denunzianten ist so greifbar, dass ich, wieder einmal, erkenne, wie wenig ich eigentlich weiß. Käte Laserstein taucht darin unter ihrem richtigen Namen auf, gejagt, gestresst, am Ende und verliebt. Sie ist nur eine Nebenfigur im Februar 1945 in einem Buch, das dennoch alles sagt und typischerweise erst in den neunziger Jahren veröffentlicht wurde, als sämtliche Beteiligten sehr alt waren oder nicht einmal mehr lebten.

124

Es war im Sommer, meinem ersten in Stockholm. Ich wohnte am Mariatorget im Stadtteil Södermalm als Untermieter in einer illegal vermieteten Wohnung, möglicherweise auch als Unteruntermieter. Vorübergehend jedenfalls, und an Abenden, an denen ich nicht im Theater arbeitete, saß ich für mich allein und trank bulgarischen Rotwein in einem Lokal namens Bistro Tim, drüben in der Timmermansgatan, nur einen Katzensprung von dem heruntergekommenen Eisenbahngelände entfernt, das später bebaut wurde und auf andere Art herunterkam. Es war der letzte Sommer, in dem ich Tagebuch schrieb. Viel mehr brachte ich im Übrigen nicht zu Papier, obwohl ich nichts lieber wollte. An manchen Vormittagen, den heißesten in jenem Sommer, spazierte ich zur Bastugatan 21 auf dem Mariaberget hinauf, um frischen Mut zu schöpfen. Die Stadt dort unten, die Aussicht auf sie, die Boote. Mit dem Rücken zur Steinwand stellte ich mich auf den schmalen Bürgersteig, direkt unter die offenen Fenster des Schriftstellers Ivar Lo-Johansson drei Etagen über mir. Dann blieb ich dort stehen, lange und still, und lauschte dem Knattern der Schreibmaschine. Das Geräusch erinnerte mich an Dauerregen auf Wellblech. Ein gleichmäßiger Strom, ohne Unterbrechung. Auch ich sollte später Kartoffeln anbauen. Sie in eigener Erde wachsen zu sehen, war eine Freude, aber das war dann auch schon alles; einen Keller besaßen wir nicht, sodass ich sie aus dem gefrorenen Boden heraushacken musste. Im zweiten Sommer auf der Insel ging ich dazu über, ausschließlich seltenes Unkraut anzupflanzen. Das war wesentlich einfacher, und erfreulicher. Finkensame, Acker-Lichtnelke und Efeu-Ehrenpreis. Kartoffeln konnte ich im Geschäft kaufen, denn es herrschte Friede auf Erden und meine Sehnsucht nach der Scholle war bloß Luxus.

125

Olof Ågren malte niemals auf Bestellung und nur sehr selten Porträts. Eines der wenigen erhalten gebliebenen wird *Der Menschensohn* genannt und zeigt Nils Adamsson, auch bekannt als der Kondomkönig. Gemeinsam

mit seiner Frau Karin führte er ein Sanitätshaus im sogenannten Zentralpalast am Tegelbacken, und die beiden wurden 1910 zu einer Gefängnisstrafe verurteilt,
weil sie Kondome verkauft hatten. Wahre Rebellen, die
im Schulterschluss mit dem Anarchisten Hinke Berggren
und dem liberalen Arzt Anton Nyström für eine gute Sache kämpften. Das Porträt beweist nichts, aber manchmal überkommt mich das Gefühl, dass Ågren sich in
jeder Hinsicht zu den Rändern hingezogen fühlte. Es ist
nur ein Gefühl, denn der Spiegel ist gesprungen. In tausend Stücke. Das Einzige, was ich sehe, ist ein Flohmarkt
voller Gerümpel.

126

Die Jahre vergingen. Lotte Laserstein etablierte sich in
Stockholm als eine Porträtmalerin, die hoch im Kurs
stand. Mein Interesse am 2. Weltkrieg ist nicht größer,
als normaler Anstand es verlangt. Die grenzenlos über-
triebene Ausbeutung bösartiger Männer in SS-Unifor-
men durch die Populärkultur steht mir bis zum Hals, der
Holocaust ehrlich gesagt auch, so ketzerisch das auch
klingen mag. Ich weiß in etwa, was sich damals ereigne-
te, und habe genug darüber gelesen, um die ganze Geschichte leid zu sein. Trotzdem kam ich nicht umhin,
innezuhalten und tage- und nächtelang in Grübeleien
darüber zu versinken, wie es für sie in jenen Jahren gewesen sein muss: die Belastung und der Stress. Die offi-
zielle Begründung dafür, dass Meta Laserstein verhaftet

und nach Ravensbrück gebracht wurde, lautete, sie habe sich bei einer Razzia in der Wohnung daheim in Berlin geweigert zu erzählen, wo sich Käte versteckt hielt, denn in erster Linie waren sie hinter ihr her. Und Lotte erfuhr in Stockholm auf Umwegen davon. Woher nimmt man die Kraft, diese Bürde zu tragen? Bekannt war außerdem, dass man in Norwegen, im November 1942, mit der Deportation der jüdischen Bevölkerung nach Auschwitz begann, und was in Norwegen möglich war, konnte selbstverständlich auch in Schweden geschehen, jeden Tag. Vielleicht keimte schon damals die später so vielfach bezeugte Scham darüber, noch zu leben. Sie und das Schweigen. Während das große Gemälde *Abend über Potsdam,* das nun in der Wohnung in der Grevgatan hing, mit einer Geschichte befrachtet wurde, die es ursprünglich nicht darin gegeben hatte. Wer Lotte Laserstein im Nachhinein den Blick eines Propheten aufzwingen will, tut ihr damit keinen Gefallen. Sie war eine Malerin, das ist alles. Ungewöhnlich begabt, und sehr gut ausgebildet, auf der Suche nach einem Leben. Nach einem Zusammenhang, wie wir alle. Kurz nach dem Krieg beantragte sie in Schweden die Mitgliedschaft in der *Landesorganisation der Künstler.* Der Antrag wurde abgelehnt.

127

Die Befriedigung, die aus Gewissheit erwächst, ist groß und schwer zu erklären – vielleicht am ehesten damit, dass sie einem eine Nähe schenkt, die an Geborgenheit grenzt. Ob es um Kunst oder Unkraut geht, spielt dabei keine Rolle; der Lockruf des Zaunkönigs im Unterholz, sein glitzernder Gesang, kann für jemanden, der ihn einmal herauszuhören gelernt hat und seither mit Sicherheit kennt, eine Art Anker sein. Eine Andockstation. Eine Brücke zur Welt. Was immer geschehen mag. Mit der Zeit lernte ich, genau wie Vogelrufe, Ågrens nicht signierte Werke zu erkennen, die wenigen, die auftauchten, und diese Art der Gewissheit übermannte mich, als ich fast dreißig Jahre später diejenige von Ivar Lo-Johanssons zwei Wohnungen betrat, die er Brunkulla nannte, vielleicht weil die Zigarillos, die er rauchte, den Tapeten und der Decke ihre Farbe geliehen hatten, und das Wort für braun auf Schwedisch *brun* ist – aber vermutlich eher, weil sie, die in den Romanen Måna heißt, seine Geliebte, aus Jämtland stammte, und die Landschaftsblume der Region eine Orchidee gleichen Namens ist: Brunkulla. Ihr deutscher Name ist Schwarzes Kohlröschen. Kein Zweifel. Das Bild hängt im Flur, links hinter der Tür, mittlerweile allerdings nur noch als Kopie, denn das Original wurde nach seinem Tod verkauft, aber es ist dennoch unverkennbar ein frühes Werk Ågrens, aus den Schären. Maurice Utrillo, Edvard Munch, Bror Hjorth und Harry Martinson hingen dort an den Wänden. Und Olof Ågren. Wie gut die beiden sich kannten, weiß heute keiner mehr, aber offensichtlich waren sie Bekannte, weshalb ich vermute, dass das Gemälde ein Geschenk war, eventuell auch ein Kauf zu Ågrens Unterstützung. Ivar Lo wusste viel über Kunst und schrieb manchmal über seine Sammlung, über die Abenteuer: »Ich sah augenblicklich, dass dieses Bild von Vincent van Gogh war.«

Es passierte irgendwann nach dem Krieg. Der Verkäufer, der auf der Flucht zu sein schien, verwahrte das Gemälde unter seinem Bett im Hotel Excelsior, und Ivar, der mit seinen Büchern endlich Geld verdiente, kaufte es stehenden Fußes für eine größere Summe, obwohl das Gemälde auf Holz nicht signiert war. Später hängte er es daheim in der Bastugatan auf, schämte sich aber aus unterschiedlichen Gründen von Anfang an, sodass er das Gemälde, seinen van Gogh, einer von all den Frauen schenkte, in die er verliebt war. Heute hängt es in einem Museum in Holland. Ihre Erben sollen es dorthin verkauft haben. Eine Kopie existiert nicht, aber in dem Schreibtisch, der seit Ivar Lo-Johanssons Tod 1990 unverändert stehen geblieben ist, liegt eine Schwarz-Weiß-Fotografie des Bilds: *Paysanne bêchant*. Es brachte ein Vermögen ein. Das folglich nicht dem Stipendienfonds zugutekam, dem Ivar seine Kunstsammlung vermachte. Es kam trotzdem eine Menge Geld zusammen, eine legendäre Auktion. Ågrens Werk wurde an einen Mann von Lidingö verkauft, dessen Bruder, der Ågren in den fünfziger Jahren gekannt hatte, in Flivik, mir erzählt hat, dass die Ideen des Alten mit den Jahren immer verschrobener wurden. Wenn er sich rasierte, legte er sich rücklings auf den Fußboden. Außerdem entwickelte er ein abgrundtiefes Misstrauen gegen Nägel. Es sollten grundsätzlich Schrauben verwendet werden. An den Innenwänden des alten Holzhauses schraubte er Sperrholzplatten fest, die er mit monumentalen Motiven aus seinem Leben füllen wollte. Er begann auch zu malen, hörte dann aber wieder auf. Das Wenige, was er malte, befindet sich noch heute dort.

129

Der Hof in Flivik hieß Spinkekullen, *Der Spinkhügel.* So heißt er bis heute und da Namen nun einmal Namen sind und ausgesprochen merkwürdig sein können, verschwendete ich weder Zeit noch Gedanken an die Frage, was das wohl bedeuten sollte. Erst bei meinem letzten Besuch, an einem schönen Sommertag, schoss es mir durch den Kopf, denn an jenem Tag, unterwegs im Auto, fiel mir wie so oft auf, wie unergiebig und schlecht das Erdreich im östlichen Småland genutzt wird, seit die Kleinbauernhöfe aufgegeben wurden und alle Weiden- und Ackerflächen in Ermangelung von Kühen und fluchenden Bauern zuwuchern. Vielleicht muss erst ein Krieg mit einer Handelsblockade und Essensrationierungen kommen, damit der Boden zu neuen Ehren kommt, oder es muss, ganz im Gegenteil, Frieden herrschen und die Grenze offen sein, wirklich offen, in einem solchen Maße, dass Menschen aus anderen Ecken Europas, ja, aus noch entlegeneren Regionen, die Möglichkeit haben, diesen göttlichen Winkel der Welt zu entdecken, und hierherzuziehen.

In manchen schwedischen Dörfern gibt es keine Spatzen mehr, damit kann man natürlich leben, denn die Gesellschaft von Spatzen ist nun wirklich kein verbrieftes Menschenrecht, aber ohne sie ist es ein bisschen langweilig und still, und daraufhin fiel mir wieder ein, dass Spatzen, die lange in allen Hemisphären gediehen, in Schweden in früheren Zeiten auch »spink« genannt wurden. Spinkekullen war also einfach ein Hof auf einem Hügel, auf dem Kühe und Bauern außerhalb des Stalls nicht einen Schritt machen konnten, ohne das Schnattern der Spatzen zu hören. Heutzutage werden Spatzen geliebt und vermisst, was früher jedoch ganz anders aussah. Der finnische Ornithologe Thorsten Renvall fasst den intellektuellen Resonanzboden der Verfolgung treffend zusammen: »Wie das Gesindel innerhalb der städtischen Bevölkerung vielerorts so tief gesunken ist, dass man in den ländlichen Regionen nirgendwo seinesgleichen findet, bis sie als dieser kaputte, geistig und körperlich verlotterte Pöbel auftreten, den man an den Dampfschiffanlegern, auf Plätzen und in Gassen sieht, und der den Landmann, der in die Stadt gekommen ist, gleichwohl von oben herab betrachtet und behandelt, auf die gleiche Art verhält es sich auch mit dem Spatz. Zänkisch und übermütig bis zum Äußersten ist er stets bereit, jeden kleineren Vogel zu stören und zu verjagen, der ihm zu nahe kommt. Das Hofgelände betrachtet er als sein angestammtes Reich, das Futter der Haustiere als seinen natürlichen Lebensunterhalt, die angebrachten Nistkästen als etwas, das allein entstanden ist, um ihm ein angenehmes Leben zu ermöglichen. Kurzum, er betrachtet sich – genau wie der Abschaum der Städte – als einen überaus wichtigen Faktor in der Gesellschaft. Mit der gleichen Verachtung, mit der dieser Abschaum auf die Landbevölkerung herabblickt, blicken auch die Spatzen auf die Singvögel der ländlichen Regionen herab, die Insekten jagen und, wenn sie solche nicht finden, lieber Not leiden, als von den Abfällen auf den Tischen der Menschen zu leben, während die Spatzen, satt und vollgestopft mit Korn, Kartoffeln und allem erdenklichen Müll, beidfüßig umherhüpfen.«

130

Meine kleine Unkrautparzelle war das Einzige, was mich im Garten interessierte. Vor allem der Finkensame (*Neslia paniculata*) erregte unter den Botanikern und anderen Freunden, die vorbeischauten, eine gewisse Aufmerksamkeit, genau wie der schön karminrote Schlitzblättrige Storchschnabel (*Geranium dissectum*), beides heute sehr seltene Arten, die mit den Kleinbauernhöfen verschwanden, ohne von den Großbauern sonderlich vermisst zu werden. Ich pflege sie noch, als ein Akt des Widerstands, so auch den Storchenschnabel (*Geranium lanuginosum*), der nur dort wächst, wo es gebrannt hat. Im Grunde ist es ein Stück politischer Botanik. So empfinde ich es jedenfalls an Tagen, an denen ich, als eine Erinnerung an das Festland, in meiner Kammer laut den Kulturhistoriker und Dichter Karl-Erik Forsslund lese: »Und an die Stelle der wilden Prachtblumen sind die Begleiter der Kultur getreten, will sagen die Unkraut- und Müllhaufengewächse, die Nachhut der siegreichen Armee aus Abschaum und Pack; Löwenzahn und Grindampfer, Disteln und Kletten, Nesseln und das

Acker-Hellerkraut. Genau wie sich Wesen vom Schlage der Wespen, Ohrenkneifer und Asseln in dem gleichen Maße vermehrt haben, in dem die Prachtschmetterlinge weniger geworden sind. Disteln und Nesseln, die grauen Asseln und Spatzen, Krähen und Ratten – das ist die Flora und Fauna, die unsere heutige Zeit mit aller Macht zu züchten und in der gesamten Welt zu verbreiten trachtet!«

131

Als der Krieg vorbei war, kam Käte nach Stockholm und lebte ein paar Jahre bei Lotte im Stadtteil Östermalm. Sie arbeitete als Sprachlehrerin, während Lotte sich weiter mit den Porträts durchschlug und daheim Privatunterricht gab, obwohl es eng und beschwerlich war und ihre Schüler bloß fröhliche Amateure, keine richtigen Maler wie in Berlin. Aber Geld ist nun einmal Geld und die Porträtmalerei warf nicht mehr so viel ab wie früher. Mittlerweile nahm sie auch Illustrationsaufträge an. Unter anderem gestaltete sie die Umschläge einiger der damals maßlos beliebten und später völlig in Vergessenheit geratenen Romane, die Jascha Golowanjuk (1905–1974) schrieb. Geboren in Samarkand in Usbekistan, kam er schon in seiner Jugend über Dänemark nach Schweden, wo er eine hübsche Karriere als Revuekünstler, Musiker und Schriftsteller machte. Jude, homosexuell, ein Kumpel des Revuestars Karl Gerhard, und, wie gesagt, Lotte Lasersteins, denn natürlich hatte sie inzwischen Freunde, und Gönner in Schweden. Die Jahre nach dem Krieg bedeuteten trotzdem einen schrittweisen Niedergang. Es hat sich als unmöglich erwiesen, Auskunft darüber zu erhalten, warum die Herren von der Landesorganisation der Künstler Laserstein damals, 1948, die Mitgliedschaft verweigerten, aber vielleicht lag es ja tatsächlich daran, dass sie fünfzig wurde und es bergab ging, vielleicht sahen sie in ihr eine Gestrige, die bloß Auftragsarbeiten ausführte und, nach Art der Frauen, nicht frei genug war. Als sie sich fünfzehn Jahre später nochmals bewarb, und aufgenommen wurde, war ihr Bedürfnis nach dieser Art von Anerkennung nicht mehr so dringlich. Den Traum von der großen Bühne hatte sie längst aufgegeben.

132

Ein wiederholt aufgegriffenes Thema in den Briefen an Bergman ist die Kälte. Die Kriegswinter waren hart. Und da einem die verschiedenen Strategien und Gerätschaften zur Erwärmung vieles über die Veranlagung eines Menschen verraten – vor allem das Holzhacken enthüllt fast alles –, entsinne ich mich einer Geschichte, die davon handelte, wie Ågren heizte. Das Haus wurde natürlich nur mit Brennholz erwärmt. Es gab einen gusseisernen Herd in der Küche und im großen Zimmer einen gemauerten offenen Kamin, groß genug zum Verfeuern ganzer Holzstämme. Wie ich ihn kenne, war das Holzhacken in seinen Augen eine Betätigung für Weichlinge. Stattdessen schleppte er ganze Stämme ins Haus;

das Endstück wurde in den offenen Kamin gewuchtet und irgendwie gelang es ihm, das Holz anzuzünden, wonach er den Stamm je nachdem, wie viel von ihm schon verbrannt war, weiter hineinschieben konnte. Elisabeth dürfte dieses Arrangement nicht unbedingt begeistert haben, aber das war ihm doch egal. Schließlich funktionierte es. Dabei blieb es. Was im Übrigen auch für seine originelle Methode galt, Fichten von ihren Zweigen zu befreien. Es geschah von oben, während der Baum noch fest verwurzelt im Waldboden stand. Er kletterte mit der Säge einfach so weit hinauf, wie er sich traute, und kappte anschließend auf dem Weg nach unten sämtliche Äste. Da war er schon über siebzig.

133

Manchmal möchte ich die Beweise zu diesem Fall verbrennen, meine Anmaßung, und einfach verschwinden. Für alles um Verzeihung bitten, was ich getan habe, zu viel, und anschließend verstummen. Waagerecht, zwanzig Buchstaben: Belastbarkeitsgrenze. Bei der Frage im Kreuzworträtsel zu seiner Ausstellung in der Galerie Moderne geht es um den Autoverkehr in Stockholm, aber ich nehme alles persönlich, halte nichts mehr aus. Wenn es die Flucht nach Flivik nicht gegeben hätte, wäre ich niemals bei Ågren hängen geblieben. Die schwedische Malerei in den ersten Jahrzehnten des 20. Jahrhunderts ist von einem atemberaubenden Reichtum geprägt; es gibt eine große Zahl vergessener Maler, in die man sich verlieben und die jeder ausgraben kann, der wissen, lernen, fühlen, sehen oder nur wie ein Kind gedankenlos durch den Wald laufen möchte. Ågren ist nicht einmalig, nicht als Künstler. Aber keiner verschwand so wie er, und ich stellte mir vor, dass er etwas fand und sich rechtzeitig davonstahl. Dass er in der nahen Bucht fischte, im Morgengrauen, und sein Land bestellte. Satt und zufrieden. Am Anfang wusste ich doch fast nichts. Der östliche Teil Smålands ist ein Paradies und Flivik war ein Traum. Ich sollte meine Recherche bereuen, aber da war es schon zu spät.

134

Es ging rasch abwärts. Nach dem Krieg wechselte Lotte Laserstein in dichter Folge Briefe mit Traute Rose und ihrem Mann Ernst, und in diesen Briefen schildert sie ohne Umschweife den Verfall. Im Vergleich zum Berlin der Weimarer Republik hatte Schweden nur wenig mehr als kulturelle Tristesse zu bieten; die Kritiken zu den Ausstellungen, die sie hier und da noch hatte, waren durch die Bank kühl, und schon bald verkaufte sie so wenig, dass sie darüber nachdachte, abzureisen, ein weiteres Mal zu fliehen, in die USA vielleicht. Dennoch blieb sie, vielleicht vor allem wegen Käte, die nach Stockholm gekommen war, und blieb. Nach Deutschland zurückzukehren erschien ihr unmöglich. Die Erinnerungen waren zu schmerzhaft, und im Übrigen herrschte dort mittlerweile eine mächtige und, wie sich herausstellen würde, anhaltende Berührungsangst gegenüber allen Formen realistischer Malerei. Ein hysterischer Hypermodernimus trat als Kompensation für alles auf, was gewesen war. Niemand sah ihren künstlerischen Niedergang klarer als sie selbst. »Äußerst mittelmäßig«, lautete ihre Selbsteinschätzung. »In Västerås sind zwei Blumenbilder verkauft worden. Das ist alles. Die Dussel! Gerade Blumen kann ich überhaupt nicht malen und finde es immer todlangweilig, wenn ich es des lieben Brotes willen mal tue.« Um ihren Lebensunterhalt zu sichern, begann sie, nackte Mädchen zu malen: einfachere Bilder, die nie mehr als zwei Sitzungen erfordern und weggehen wie warme Semmeln: »Vermutlich werden sie meinen Ruf vollends ruinieren. Aber das nützt nichts. Ich muss leben.« Es gibt einige Selbstporträts, die wirklich gut sind, als ein kleines Reservat zur Bewahrung der Selbstachtung, aber das ist im Grunde schon alles. Sie zog in eine billigere Wohnung oben in der Danderydsgatan und hielt sich mithilfe von bestellten Kinderporträts über Wasser, die – es tut weh, das sagen zu müssen – häufig regelrecht abstoßend sind.

135

Eines Tages im August 1952, zu Beginn jener Ära, die man später die Jahre des Wirtschaftswunders nannte, erhielt Laserstein einen Auftrag von den Guttemplern. Sie wollten ein Porträt vom Regierungspräsidenten der Provinz Kalmar haben, Ruben Wagnsson (1891–1978), bekannt für seine große Enthaltsamkeit sowie dafür, den Boden für noch größere Bauprojekte geebnet zu haben; die Brücke nach Öland, das Atomkraftwerk in Oskarshamn und Ähnliches in dieser Art. Sie klemmte sich ihre Staffelei unter den Arm und fuhr hin. Purer Zufall, wie immer. Das Leben. Sie hatte damals begonnen, auf Reisen zu gehen. Im Vorjahr hatte sie Traute und Ernst Rose besucht, die in Bremerhaven wohnten, und auf dem Heimweg machte sie einen Abstecher nach Berlin, noch in Ruinen, ein Erlebnis, das sie nur noch mehr in dem Gefühl bestärkte, dass ihr Heimatland inzwischen Schweden war. Käte ging Mitte der fünfziger Jahre nach Deutschland zurück, aber Lotte blieb. Kalmar erschien ihr immer verlockender, denn der Kontakt zu Wagnsson hatte zu weiteren Aufträgen im Süden des Landes sowie zu einer Ausstellung im Kunstmuseum geführt, für die sie ungewöhnlich gute Kritiken bekam. Außerdem hatte Lotte Laserstein auf der Insel Öland, nahe Kalmar, ein Sommerhaus erworben, in Strandtorpshage, zwischen Borgholm und Stora Rör. Ihr sechzigster Geburtstag stand bevor. In Stockholm feierte der abstrakte Modernismus Triumphe, und sicher, es war nur eine Frage der Zeit, bis er auch auf dem Land Einzug halten würde, aber damals, während einiger Jahre in den Fünfzigern, gab es sozusagen ein Fenster, das einen Spaltbreit offen stand. Dort zog sie hin.

In Västervik gab es einmal einen Teppichhändler namens Nisse Victorin. In meinem Elternhaus kursierte eine Geschichte darüber, wie er über seine Firma diese synthetischen Teppichböden in Braun vertrieb, die Anfang der siebziger Jahre als Gipfel der Modernität und schamloser Luxus galten, und auf dem ich mich, noch vor dem Ende des Jahrzehnts, mit meiner ersten Freundin liebte. Als unser Haus viel später verkauft wurde, verschwanden diese Teppichböden am Tag der Abschlagszahlung. Dafür muss man Verständnis haben. Die Zeiten ändern sich, genau wie die Symbole des Wohlstands. Und Nisse Victorin, der 1902 geboren worden ist, wäre sicherlich auch in der für Teppichhändler vorgesehenen Dunkelheit des Vergessens verschwunden, wenn er nicht obendrein ein Sammler gewesen wäre, ein Mann mit einem Auge für das Wesentliche, der nach der Hochkonjunktur der Textilbranche während der Kriegsjahre reich genug war, um sich zu kaufen, was immer er wollte. Kunst und kostbare Teppiche. Er handelte damals mit allen Arten von Textilien; verkaufte viel an die Armee und lebte gut davon, als die Blockaden die Konkurrenz aus dem Ausland abwürgten. Berühmt ist sein persischer Prachtteppich, der möglicherweise, obwohl das keiner mit Gewissheit sagen kann, aus der Kriegsbeute nach der Schlacht am Kahlenberg 1683 stammte, als das polnisch-deutsche Heer in den Hügeln vor den Toren Wiens die Belagerung der Osmanen durchbrach. Zu dieser Beute gehörten Tausende Zelte, einschließlich der luxuriösen Feldwohnung des Großwesirs, und vielleicht stammte er wirklich dorther, Nisse Victorins berühmtester Teppich, der schon 1946 im Nationalmuseum gezeigt und Mitte der siebziger Jahre erneut ausgestellt wurde, als Prinz Eugens Waldemarsudde die Ausstellung »Eine Kunstsammlung aus Västervik« präsentierte. Im Katalog erzählt der Sammler persönlich von all diesen Teppichen und Gemälden, die einen eigenwilligen Geschmack verraten: Vera Nilsson, Kalle Hedberg und nicht zuletzt Olof Ågren. Natürlich war mir die Sammlung bekannt, es war mit Sicherheit die damals größte von Ågrens Bildern in Privatbesitz, aber ich dachte, dass Nisse Victorin vielleicht nur nett zu einem bettelarmen Maler, einige zehn Kilometer die Küste hinab, sein wollte. Ein Provinzmäzen mit mehr Herz als Kunstverstand. Erst als ich seine Ågren-Sammlung fand, die noch vollständig erhalten in einem abgelegenen Reihenhaus hängt, und den Katalog zur Ausstellung in Waldemarsudde las, sah ich, dass auch er die Qualität von Ågrens Kunst erkannt hatte. Er besaß außerdem zwei Werke von Dick Bengtsson sowie eine für Teppichhändler ungewöhnliche Bescheidenheit, prägnant formuliert mithilfe von Epiktet, dem alten Griechen. »Wenn dein Pferd in stolzer Selbsterhebung sagen würde: ›Ich bin schön‹, so wäre dies noch entschuldbar. Wenn jedoch du mit Stolz sagtest: ›Schau, was für ein schönes Pferd ich habe‹, so bist du stolz auf den Vorzug des Pferdes.«

Olof Ågren schaffte sich Kühe an. Als er mit ihnen nach Hause kam, weinte Elisabeth. Sie erkannte, dass er das nicht würde bewältigen können. Als es besonders schlimm um sie stand, hatten sie Kühe, ein Pferd, Schweine und Hühner. Sogar Ochsen. Wahrscheinlich hatte er ihr versprochen, sich auf Kartoffeln zu beschränken, aber wie so viele andere, die aufs Land zogen, war er ein hoffnungsloser Romantiker, der im Namen eines Strebens nach Freiheit unter dem Druck einer bizarren Sehnsucht nach Unfreiheit zerrieben wurde. Selbstverständlich würden sie auch Tiere halten. Viel später schrieb Elisabeth: »Zwanzig Jahre haben wir hier wegen dieser unglaublich dummen Reparatur gefroren, die er nach eigenem Gutdünken durchgeführt hat. Wenn er nicht wusste, wie es gehen sollte, fragte er mich. Dann wusste er zumindest, dass es genau umgekehrt gehen musste. Dann, im Frühjahr 1939, wollte er Bauer werden. Großer Gott, was für eine Zeit. Ich war es, die hier arbeitete, den Pferdekarren fuhr und Kühe und Schweine großzog. Olle machte mir zusätzliche Arbeit, es konnte eine Woche dauern, wieder in Ordnung zu bringen, was er in wenigen Stunden vermasselt hatte.« Schon bald versuchte er außerdem, Getreide anzubauen, Weizen. *Sie* musste mit dem vorgespannten Pferd zur Mühle in Mörtfors fahren. Es war zwar Krieg und die Zeit der Mobilmachung, aber ich kann mich trotzdem nicht von dem Bild freimachen, dass Ågren als alter, mürrischer Greis, so in die Irre ging, dass nur die Kunstsammler, in weiter Ferne, es schafften, den Mythos am Leben zu erhalten. Er war jetzt ein Genie. Als er mitten im Krieg siebzig wurde, veranstaltete man in Västervik eine Retrospektive. Erik Wettergren, der damalige Leiter des Nationalmuseums, reiste an und hielt eine Rede. Geld für einen Kunstankauf zu sammeln, stand nicht mehr zur Debatte. Diesmal bekam er stattdessen eine Ausrodemaschine, um Steine aus den Äckern zu wuchten. Sein Bekanntenkreis scheint hauptsächlich aus großen Steinen bestanden zu haben, aus Flüchen.

138

In Kalmar wurde Lotte Laserstein zu einer Berühmtheit, und wenn es etwas gab, wovor man sich als Künstler im Schweden der sechziger Jahre hüten sollte, dann zur Prominenz in Städten wie Kalmar zu gehören. Ich gehe davon aus, dass sich daran bis heute wenig geändert hat. Das Licht auf der Bühne der Kunst wird von Stockholm aus gelenkt, bis zu einem gewissen Grad auch von Göteborg und Malmö aus, und letztlich sicherlich von Berlin und New York. Kleinere Städte sind dagegen die Arena der Amateure. Was nicht heißt, dass jede Kunst, die in der Provinz geschaffen wurde, minderwertig ist, mitnichten, aber das Kulturklima damals war hart. Der Kritik fehlte es an Schärfe und das Publikum erwartete etwas Schlichtes und Dekoratives, von einer älteren Frau gern auch etwas Niedliches und Sentimentales, und nichts ist einfacher, als zu einem Abklatsch der Publikumserwartungen zu werden. Was die Zeitungen während ihrer Jahre in Kalmar über Lotte Laserstein schrieben, war ausnahmslos furchtbar. Ich will es nicht lesen. Die tüchtige Dame mit Blumen und Kindern, die mit Ingmar Bergman verglichen wird, allerdings nur, weil er sich den ersten Swimmingpool auf Gotland hatte bauen lassen, während sie sich den ersten auf Öland angeschafft hatte, denn nach all den Sitzungen auf teuren, aber schlechten Stühlen in den überfrachteten Häusern ihrer Porträtmodelle litt sie unter mörderischen Rückenschmerzen.

139

Olof Ågren hörte nicht auf zu malen, weil er im Zenit seines Könnens stand. Im Grunde wollte er durchaus weitermachen. Der Traum, der ihn antrieb, gleicht dem eines zwölfjährigen Jungen, der im Winter vollkommen besessen von dem Vorhaben ist, im nächsten Sommer ein Baumhaus zu bauen. Hoch oben. Dieser Traum ist sehr kostbar, lässt sich aber nur äußerst selten verwirklichen. Ich bin mir ziemlich sicher, dass er sich auf dem Hof ein Atelier vorstellte, in dem er seine bedeutendsten Werke erschaffen würde, als wären alle Werke auf dem Weg zu ihnen nur Vorbereitungen gewesen. In seinem Nachlass, der sich in einem Schuppen stapelte, findet man eindeutige Beweise dafür, dass er es versuchte. Unvollendete Bilder, Dokumente des Scheiterns. Er zerstörte sie nicht einmal mehr. Ein nicht signiertes, halb fertiges Bild auf Holz stellt die alte Leuchtbake auf der Insel Spårö dar, an der Einfahrt aus südlicher Richtung zum Hafen von Västervik; weiter kam er nicht. Seine Tiere musste er nach ein paar Jahren wieder verkaufen, das Land wurde verpachtet, und als er achtzig wurde, mussten seine Fans ohne ihn feiern. Die Ausstellung im Künstlerhaus in Stockholm 1954 besuchte der Maler nicht, und den Journalisten, die trotz allem den Weg nach Flivik fanden, hatte er nicht viel zu sagen. Er fluchte in erster Linie darüber, dass diese verdammten Sammler, die ihm seine Bilder abgeluchst hatten, nun eine verfluchte Ausstellung in Stockholm zusammenstellten, in der kein einziges Bild nach 1929 entstanden war. Als wäre er schon seit einem Vierteljahrhundert tot. Im Dezember 1955 hat eine freundliche Seele einen Hunderter geschickt, um ihnen zu helfen, und Elisabeth antwortet: »Ich würde mir wünschen, dass die Welt aus Menschen wie Ihnen bestünde. Damit meine ich nicht, dass uns alle Geld schicken sollen. Oh nein, weg damit, wie Olle immer sagt. Wir haben hier tagelang keinen Strom gehabt. Und keine Zeitung bekommen. Wir wissen nicht, wie es in der Welt aussieht. Ich hoffe, es ist kein Atomkrieg ausgebrochen. Es liegen Unmengen von Schnee. Gestern haben wir lange nach dem Brunnen gesucht.«

140

Das Leben kann in seiner Endphase zu einer ereignislosen Geschichte werden. In Olof Ågrens Fall wurde es außerdem die Hölle. Elisabeth vergnügte sich, so gut es ging, mit den Nachbarinnen und Sommerkindern, die im Dorf wohnten, er verschwand dagegen immer mehr in seiner eigenen Finsternis. Es widerstrebt mir, die letzten Briefe zu lesen: »Es ist schrecklich zu wissen, dass man sterben wird, ohne geleistet zu haben, was man eigentlich schaffen wollte. Man kann sich fragen, ob andere es genauso verzweifelt empfinden. Oder ist man ein Sonderfall. Du musst versuchen, Nachsicht mit meinen albernen und pessimistischen Jeremiaden zu haben. Man sollte wohl froh darüber sein, die Erde nicht mehr lange mit seinem geringen, aber absolut überflüssigen Gewicht belasten zu müssen.« Und obwohl es Elisabeth ist, die zuerst stirbt, abgearbeitet, ist es am Ende nur noch sie, die etwas zu sagen hat. Einer ihrer jungen Neffen interessiert sich für den vergessenen Maler Olof Ågren und möchte etwas schreiben, ein Referat, in der Schule, und so erzählt sie ihm davon, dass er Bäume quer über die Straße fällt – da ist er sechsundachtzig – und anschließend von der Anstrengung so erschöpft ist, dass er heimgehen und sich zwei Tage ausruhen muss, während derer die Bäume liegen bleiben, sodass kein Mensch mehr durchkommt. Die Leute im Dorf protestieren. Er entgegnet: »Das ist mir scheißegal.« Und Elisabeth, die arme Frau, bereut, versprochen zu haben, bei dem Vortrag zu helfen, erzählt aber trotzdem, so gut sie kann, vom Leben ihres Mannes. Ihr Herz schmerzt. In diesem Winter ist es kalt in Flivik.

Die Entschädigungsprozesse in Nachkriegsdeutschland sind eine Wissenschaft für sich. Ich werde nicht näher darauf eingehen. Man hat mir gesagt, dass die Dinge kompliziert waren und eine finanzielle Entschädigung nur dem zuteilwurde, der die Zeit und die nötigen Mittel besaß, um seine Sache lange und hartnäckig zu vertreten. Nicht jeder hatte die dazu nötige Kraft. Das kann man verstehen. Jedenfalls weiß ich immerhin, dass Lotte Laserstein ihre Interessen vertrat, sicher mithilfe der Jüdischen Gemeinde in Stockholm, denn in deren Archiv existiert eine entsprechende Akte, mehr als hundert Seiten dick, die ich, wie gesagt, nicht gelesen habe. Es gibt für alles eine Grenze. Im Übrigen scheint sie erfolgreich gewesen zu sein, denn in der ersten Hälfte der sechziger Jahre verbesserte sich Laserstein finanzielle Situation, als der Prozess endlich abgeschlossen war. Sie bekam eine Art Pension, die es ihr ermöglichte, ein anständiges Leben zu führen. Außerdem arbeitete sie pausenlos und erbte einiges Geld von Käte, die 1965 starb. Sie konnte es sich leisten, mehr zu reisen, wie Frauen das so tun, ähnlich wie Teenager. Ascona, die Riviera, Mallorca; sogar in die USA fuhr sie. Sie geriet in Vergessenheit, langsam, aber sicher verschwand sie aus der Kunstgeschichte, was sie jedoch nicht wirklich interessiert zu haben scheint. Stattdessen konzentrierte sie sich darauf, ihr Leben zu leben, als würde der Erfolg beim wählerischen Publikum ihr nicht mehr viel bedeuten. Sie hat ihre Freunde; die Malerin Elsa Backlund-Celsing ist eine

von ihnen, und auf Öland trifft sie sich im Sommer gelegentlich mit Prinzessin Sibylla, die eine gebürtige Deutsche war. Die beiden hatten zumindest eine gemeinsame
Sprache. Und wir hätten sie dort verlassen und alles vergessen können. Sie war eine rundliche und gütige, kleine,
weißhaarige Greisin, die von Erinnerungen lebte, ihren
kleinen Garten liebte, in der Sonne, und der es, da bin
ich mir sicher, völlig egal war, dass die Pastelle, die sie
um sich herum verstreute wie Vogelfutter im Park, nicht
sonderlich gut waren. Man sah sie manchmal bei Auktionen. Die schlechtesten Bilder gingen für ein paar Hundert Kronen weg und mehr sind sie beim besten Willen
auch nicht wert. Krempel. Ihre Brillanz hatte sie für immer verloren. Als sich das Jüdische Museum in Berlin
1971 bei ihr meldete und ein Porträt des Dirigenten Otto
Klemperer ausstellen wollte, das sie 1947 gemalt hatte, ist
sie so erstaunt und derart erfreut, dass sie das Gemälde
dem Museum umgehend schenkte. Man stelle sich vor.
In einem Museum vertreten zu sein, in Berlin!

142

»Du könntest darüber sprechen, dass Olle nicht so origi-
nell ist, wie seine Bekannten glauben, sondern viel, viel
schlimmer. Er ist gegen alle und alles. Er schreibt keine
Briefe, weil er mit der Königlichen Post im Streit liegt, er
raucht nicht, weil er mit dem Tabakmonopol im Streit
liegt, er trinkt nicht mehr, weil er mit der Alkoholzentra-
le im Streit liegt, er arbeitet nicht, er malt nicht, weil er

mit dem Finanzamt im Streit liegt.« Er selbst hatte dem nichts hinzuzufügen. Als sie sich zu seinem engen Verschlag in der oberen Etage hinaufwagte und ihn verzagt fragte, murmelte er nur: »Schreib, dass ich mir in die Hose pisse.« Einer seiner allerletzten Misserfolge war ein fruchtloser Versuch, etwas Geld zu sparen, indem er keine Rundfunkgebühren mehr zahlte. Ich glaube, wir müssen ihn dort verlassen, als eine småländische Tragödie. Aus ihm wird nie ein Stern, höchstens ein Meteorit.

143

Keiner weiß mehr über Birken vor blauem Himmel als ich. Das glanzvolle Werben um das Publikum, auf der Bühne, im präzise ausgerichteten Wertschätzungskegel des Beleuchters. Ich verließ das Festland einst, vor langer Zeit, und errichtete mir eine Art Festung in der Wildnis, um davonzukommen, zu verschwinden, außerhalb zu stehen, und schaffte es mit Glück und Geschick, unabhängig zu werden, indem ich die Ausgaben auf knapp über null senkte. Der Rest sollte Holzhacken sein. Und genau deshalb zogen Olof Ågren und seine Geschichte mich so an. Die Scham und die Flucht vor dem, worin er gut war, oder gewesen war, das Schweigen.

Der interessanteste von allen Meteoriten – der in langen Zeitabständen auftaucht und ebenso plötzlich wieder verschwindet – ist die Pflanze *Andrzeiowskia cardamine*, die der große Botaniker Reichenbach nach seinem polnischen Kollegen Antoni Lukianowicz Andrzejowski (1784–1868) benannte, dessen Werk außer knochentrockenen botanischen Aufsätzen auch eigentümliche Romane umfasst. Wo genau diese Pflanze erstmals auftauchte, ist unklar, da Reichenbach in Dresden tätig war und seine Sammlungen im Zuge der Revolution von 1848 zerstört wurden, aber gegen Ende des 19. Jahrhunderts wurde sie jedenfalls an zwei, drei Stellen in der Türkei, gerüchtehalber auch im Libanon gesehen. Danach passierte ungefähr hundert Jahre lang nichts, aber dann tauchte die Pflanze erneut in der Türkei auf, nahe Bafra an der Küste des Schwarzen Meers, aber keiner der Botaniker, die sich augenblicklich dorthin begaben, konnte sie finden, woraufhin wieder alles ruhig blieb bis 1980, als man in Bulgarien, westlich der wenig beachteten Stadt Micurin, ein seltsames Gewächs fand, das sich als besagte *Andrzeiowskia cardamine* herausstellte. Einer meiner Freunde, der nach vielen ereignislosen, in einem Herbarium zugebrachten Jahren von dem unbändigen Wunsch gepackt wurde, diese Pflanze leibhaftig zu Gesicht zu bekommen, reiste zu diesem Ort, sobald ihm der Fund zu Ohren gekommen war, kam aber zu spät. Zu diesem Zeitpunkt hatte sich das Gift jedoch längst in seinem Körper ausgebreitet, und als das nächste Mal Alarm geschlagen wurde, stand sein Koffer schon gepackt bereit. Das war im Frühjahr 2011. Eine glaubwürdige Quelle, tätig im Botanischen Garten von Jerusalem, berichtete mit Bildbeweisen von einem kleineren Bestand von *Andrzeiowskia cardamine*, der in einem Graben, möglicherweise ein Bachlauf, an einem Ort in Syrien wuchs, der Dalhemiya hieß, auf den Golanhöhen, lästigerweise in der Pufferzone, auf von Israel kontrolliertem Gebiet, in Schussweite der Grenze.

145

Es existierten keine Karten über das Gelände, von dem außerdem behauptet wurde, es sei ein Minenfeld, was meinen Freund jedoch nicht davon abhielt, kurz darauf sein Basislager für die Operation in dem Dorf Qatzrin einzurichten, zwei Kilometer nordöstlich des Sees Genezareth. Dort mietete er einen Wagen mit einem Fahrer, nachdem er (wie er später erzählte) mit etwas Mühe einen älteren Herren abgeschüttelt hatte, der mit ihm unbedingt auf Deutsch über seinen Vater sprechen wollte, der in den Jahren nach 1910 Automechaniker bei Wilhelm II. gewesen war. Jedenfalls ließ er sich anderthalb Kilometer von der Pufferzone entfernt absetzen und machte sich auf einer verlassenen Landstraße auf den Weg, die, abgesehen von Schildern mit der Aufschrift »Beware Mines« unberührt zu sein schien, seit Paulus auf seinem Weg nach Damaskus auf ihr wandelte. Zwei Kampfhubschrauber patrouillierten in dem Gebiet in fünf Meter Höhe, aber selbst ungebildete Angehörige des Militärs erkennen einen Botaniker bereits von fern, sodass sie meinen Freund in Ruhe ließen, und irgendwie gelang es ihm, mit heiler Haut zu diesem Bachlauf zu gelangen, den Panzer durchpflügt hatten und der übersät war mit Stacheldraht wie Luftschlangen auf einem Kindergeburtstag, aber er fand seine Blume und war so begeistert, dass er tanzte, während die schweren Hubschrauber in nicht allzu großer Entfernung in der Luft standen wie erstaunte Libellen. *Andrzeiowskia cardamine.* Der einzige bekannte Bestand der Welt.

146

Im Alter malte Lotte Laserstein wie gesagt elende Blumenstillleben sowie leicht verkäufliche Nacktbilder, gemalt in einer Sitzung. Wie leicht man doch zu einer Kopie der Erwartungen seines Umfelds wird. Über Lotte Laserstein im Alter muss man gerechterweise sagen, dass sie nicht völlig vergessen gewesen sein kann. Zwischen 1960 und 1983 zähle ich nicht weniger als achtundzwanzig Einzelausstellungen. Sie zeigte ihre Kunst in Schulen, Bibliotheken und Bankfilialen, in Heimatmuseen oder daheim im Atelier, manchmal an Orten des Typs Kunstverein der Krankenversicherung. Kinder und Blumen. Die allermeisten Ausstellungen fanden in Kalmar statt, aber manchmal suchte sie ihr Publikum auch im Landesinneren, in Hultsfred, Växjö, Nybro, in einzelnen Fällen auch noch weiter entfernt, zum Beispiel im Stadthotel in Kramfors und sogar in Stockholm, in einem Autohaus. Volvo. Das war 1977. Herrliche Zeiten. Seit ich vor ein paar Jahren anfing, mich ernsthaft für Lasersteins Schicksal zu interessieren, hat es mich immer wieder verblüfft, wie unbekannt sie ist. Unter meinen Freunden und Bekannten, von denen einige meines Erachtens ein nahezu unbegrenztes Wissen über das schwedische Kulturleben und seine Helden besitzen, gab es nur äußerst wenige, die wenigstens einmal ihren Namen gehört hatten. Das wunderte mich nicht.

147

Ich habe nichts gegen den Kunstverein der Krankenversicherung. Aus heutiger Sicht wird man vielleicht gerade dort suchen müssen, oder in der Kantine der Provinzverwaltung, in der irgendein gutherziger Kulturreferent das hohe Niveau der Wohlfahrt und die Vollständigkeit des Nahrungskreislaufes mit einer Reihe von Pastellen einer alten Tante flankieren wollte. Die Kunst wirkt dort gleichsam im Hintergrund, umschwebt vom Geruch der panierten Schollenfilets, Salzkartoffeln und Remoulade. Die Kunst der in ganz Kalmar berühmten Lotte Laserstein, der Frau mit dem deutschen Akzent, die neben Hilding Bossler zu den großen Malern in der Provinz Kalmar gezählt werden muss. Die beiden stellten gemeinsam aus, und wenn es auf dieser Welt einen Künstler gibt, mit dem ich mich wirklich schwertue, dann ist es Hilding Bossler (1899–1994). Er stammte aus Gamleby und hatte von Anfang an kein Talent. Aber er war hartnäckig und malte bunt genug, um bei den Leuten anzukommen, perfekt als Illustration zu jenen Gedanken, denen man nachhängt, wenn das Mittagessen in der Betriebskantine aus Frikadellen mit Zwiebeln besteht. Und Preiselbeermarmelade. Mit ihm in die Schublade für provinzielle Halbprominente gesteckt zu werden, war eine todsichere Endstation.

148

Wem es gelingt, sich lange genug auf der Bühne zu halten, dort, wo das Scheinwerferlicht am grellsten ist, kann, wenn es sich ergibt, praktisch alles ausstellen und damit trotzdem lange und gut durchkommen. Das Publikum in seiner gesammelten Ängstlichkeit erwartet Großes und sieht Großes, obwohl das, was es zu sehen gibt, in einem anderen Licht schlecht aussehen, oder, bestenfalls, als pathetischer Selbstmordversuch durchgehen würde. In der Provinz, außerhalb der Kunstszene, des Parnasses, im Schatten, kann selbst der Beste seine Salti mortali schlagen, aber dennoch als talentierter, jedoch fantasieloser Lebenskrisenaquarellmaler betrachtet werden, oder was als Vergleich gerade zur Hand sein mag. Lotte Laserstein geriet als Künstlerin in schlechte Gesellschaft, ergab sich aber nach allem, was gewesen war, in ihr Schicksal.

Und dann passierte es. Im Sommer des Jahres 1986, als Lotte Laserstein siebenundachtzig Jahre alt war, kam eine fremde Frau zu Besuch, eine Frau aus dem Londoner Kunstbetrieb hatte auf der Suche nach einer Geschichte die weite Reise nach Kalmar auf sich genommen. Über Erich Wolfsfeld. Den Meister. Nach dem Krieg hatte er sich in England gut eingelebt und genoss bei seinem Tod 1956 einen gewissen Ruf, der sicher keine Garantie für dauerhaften Ruhm war, aber die Möglichkeit dazu offen-hielt. Tja, und nun, da er seit dreißig Jahren tot war, hat-te eine der renommierten Galerien in London, Agnew's in der Bond Street in Mayfair, beschlossen, das Licht auf seine Kunst zu richten, um Geld mit ihr zu verdie-nen. Also hatte man zur Vorbereitung der Ausstellung etwas Forschung zu seinem Leben betrieben, und einer der Namen, die daraufhin aufgetaucht waren, hieß Lotte Laserstein. In ihrer Jugend war sie in Berlin seine Lieb-lingsschülerin gewesen. Ende der vierziger Jahre hat-ten sie wieder Kontakt zueinander aufgenommen, und vielleicht wusste man in der Agnew's Gallery, dass sie ihn nach dem Krieg in England besucht und sogar sein Porträt gemalt hatte. Wie auch immer, ihr Name fiel: La-serstein. Wer war das? Nicht ohne Verwunderung stell-te man fest, dass sie noch lebte, wohnhaft in Schweden, in einer Stadt, von der keiner genau wusste, wo sie lag. Möglicherweise würde es ja die Mühe wert sein, ihr ei-nen Besuch abzustatten. Vielleicht, dachte man, gab es bei der alten Dame sowohl Geschichten als auch Bilder.

Es war reiner Zufall, eine Laune des Schicksals. Ein Mann meines Alters, der einer von Lasersteins engen Freunden war und nun einer von meinen ist, hat mir erzählt, was an jenem Tag passierte, in dem Augenblick, als diese Kunsthandelsfrau aus der großen Welt bei Lotte Laserstein über die Türschwelle trat und ihre Gemälde aus den Berliner Jahren erblickte. Alle hingen sie dort, vom Boden bis zur Decke. Sie sah sie, blieb stehen, war sprachlos.

150

Sofort wurden die Pläne geändert. Wolfsfeld konnte warten. Im Lichte dieser Bilder war er lediglich der Mentor einer brillanten Malerin. Die Entdeckung Lasersteins war eine der größten in der Geschichte der Galerie. Es war einer dieser vergessenen Kunstschätze, die jeder halbwegs normale Kunsthistoriker irgendwann, irgendwo einmal zu finden hofft. *Abend über Potsdam,* dort über der Couch, war allein schon eine ganze Ausstellung wert. *Selbstportrait mit Katze, In meinem Atelier, Tennisspielerin, Eva.* All diese Gemälde. Und die alte Greisin meinte, dass sie das Ganze nicht mehr sonderlich interessiere und sie beabsichtige, die Bilder eines schönen Tages der Stadt Kalmar zu schenken, und gegen diese Stadt ist sicher nichts einzuwenden, aber möglicherweise ahnte sie in dem Moment, dass London trotz allem die Chance war, auf die sie all die Jahre gewartet hatte. Die Versuche, sie zu überreden, die unverzüglich eingeleitet wurden, wollten durchaus wohlbedacht sein. Verkaufen Sie! Das Publikum wartet da draußen. Glauben Sie mir. Und so kam es am Ende auch. Laserstein war persönlich anwesend, als die Ausstellung im November 1987 eröffnet wurde, besser gesagt, die Ausstellungen. Die Kunstsammlung, die sie seit den glücklichen Tagen in Berlin aufbewahrt hatte, war so groß und reichhaltig, dass man eine Doppelausstellung veranstaltete, teils bei Agnew's, teils in der nahegelegenen Belgrave Gallery in der Duke Street. Sie war ein unmittelbarer Erfolg. Fast alles wurde verkauft. Und das war nur der Anfang.

151

Museen und vermögende Privatsammler in der ganzen Welt schlugen sich nun um Lotte Lasersteins Bilder. In Schweden gab es noch nicht viele, die sahen, was da vorging, denn das Land ist klein und die Kunstszene eng. Erst 2005, als Lotte seit mehr als zehn Jahren tot war und auf dem zugigen Friedhof in Räpplinge auf Öland begraben lag, wurde in Stockholm eine Retrospektive ihrer Werke gezeigt, im Jüdischen Museum, doch nicht einmal sie brachte den Durchbruch, den man sich hätte erwarten oder erhoffen dürfen, vielleicht auch, weil sie sich den vorhandenen Platz mit Nelly Sachs teilen musste, der Nobelpreisträgerin, die sie nicht einmal gekannt hatte, bloß weil sie beide deutsche Jüdinnen waren, die sich vor langer Zeit auf der Flucht in Schweden niedergelassen hatten. »Über die Bedingungen des Exils«. So lautete das Thema der Ausstellung. Es herrschte kein großer Andrang. Und das ist natürlich eine Gefahr, denke ich, einen Maler in eine Geschichte zu stopfen, in der es eigentlich um etwas anderes geht als die Kunst an sich, als wäre sie bloß eine Illustratorin. Ich weiß, wovon ich rede. Schäme mich manchmal auch, glaube aber dennoch, dass sie mir verziehen hätte, vor allem, wenn sie den wirklichen Durchbruch, später, daheim in Deutschland, noch hätte erleben dürfen. Die Ausstellung »Lotte Laserstein – Meine einzige Wirklichkeit«, die 2004 in Berlin ihre Pforten öffnete, bildete den Auftakt zu ihrem endgültigen Triumphzug. Den Ausstellungsmachern war es gelungen, all ihre besten Gemälde auszuleihen, und so kam es, dass Lotte Laserstein zu einer von denen wurde, die die Angst vor allen Kunstrichtungen mit Ausnahme der avantgardistischen Moderne zerstreute. Sie war zurück. Jetzt konnte sie nichts mehr aufhalten. Seit dem Sommer 2007 gibt es in Berlin nahe der S-Bahn-Station Südkreuz sogar eine Straße, die nach ihr benannt ist.

152

Und in diesem Moment, während ich hier sitze und mich quäle, zweifele und nachts aus dem Schlaf aufschrecke, atemlos wie nach einem Gewaltmarsch, auf der Flucht, obwohl ich niemals entkomme, niemals gewinnen kann, jetzt, da ich jeden Morgen beschließe aufzuhören, rechtzeitig, aus Angst vor Gott weiß was, wahrscheinlich davor, dass das Licht erlischt, bevor der Zusammenbruch kommt, denn er wird kommen, das weiß ich in den Nächten, jetzt, in diesem Moment, taucht in Berlin bei einer Auktion noch ein Gemälde auf, und ich erkenne es sofort: *Sitzender Rückenakt,* gemalt 1930, Trautes Rücken. Es ist eines der Bilder, die vor der Flucht verkauft wurden und seither irgendwo in einem Haus gehangen und alle Katastrophen der Zeit überstanden haben. Es ist nur eine Studie, möglicherweise zu dem Bild *Morgentoilette,* gemalt im gleichen Jahr, das heute in Washington im National Museum of Women in the Art hängt. Jetzt taucht es auf, kurz vor Weihnachten 2012. Der Schätzpreis ist hoch, obwohl es nur eine Skizze ist, nichts Besonderes, aber mittlerweile ist das Interesse groß, die Museen geraten in Versuchung und die Sammler strömen reihenweise in den Auktionsraum.

153

Der Rest ist Geld. Für das ich mich interessiere. Es wäre lächerlich, etwas anderes zu behaupten. Die Freiheit mag eine Chimäre sein, und die Jagd darauf, als wollte man den Wind fangen; aber Geld erzählt immer eine Geschichte, manchmal nur über unsere hysterische Zeit, aber trotzdem ... Letzten Endes ist Geld doch eine der besten Erfindungen in der Geschichte der Menschheit, ähnlich wie das Schießpulver. Obwohl ich an manchen Tagen ein gehöriges Maß an Naivität aufbringen kann, wäre es mir vollkommen fremd, mich zum Fürsprecher einer ländlichen Selbstversorgung und des Tauschhandels zu machen oder auch nur davon zu träumen. Ich habe lange genug auf dem Land gelebt, um dergleichen für einen Albtraum zu halten. Ich möchte genug Geld haben, um ins Restaurant gehen zu können. Das reicht mir schon. Ich weiß, dass es zum guten Ton gehört, beim Thema Kunst möglichst nicht so viel über Geld zu sprechen, aber das ist mir egal, denn es hat mich unglaublich gefreut, als *Abend über Potsdam* wieder auf dem Kunstmarkt auftauchte, 2010 bei Sotheby's in London. Das Gemälde war in England mindestens dreimal verkauft worden und sein Preis war mit der Zeit so gestiegen, dass nun die große Gefahr bestand, irgendein russischer Oligarch oder anderer Turbokapitalist, der mehr Bargeld besitzt, als die Gesellschaft auf Dauer aushält, könnte das Werk für längere Zeit bei sich daheim verstecken. Doch dazu kam es glücklicherweise nicht. Der Preis von etwa einer halben Million Euro wurde stattdessen von der Neuen Nationalgalerie in Berlin bezahlt. Tja, und dort hängt es jetzt, zusammen mit berühmten Werken von Ernst Ludwig Kirchner, Paul Klee, George Grosz, Otto Dix, Oskar Kokoschka, Emil Nolde, Wassily Kandinsky und all den anderen Malern, die es möglicherweise auch nicht immer so leicht hatten, aber dennoch in der guten Stube der deutschen Moderne beim Publikum lebendig blieben, nicht nur, weil sie Männer waren, und auch nicht, weil sie die besten waren. Glück und Zufall sollte man nie unterschätzen, oder Kalmar, als Versteck.

Jeder weiß, was letzten Sommer in Hamburg geschah. Plötzlich war es einfach da, *Im Gasthaus,* auf einer kleineren, eher versteckten Auktion, zu einem für Lotte Laserstein seit Jahrzehnten üblichen Schätzpreis, ein paar Tausend. Wie das Gemälde überlebt hat, wusste keiner, und im Auktionshaus war zudem niemandem bekannt, dass die Frau an dem Cafétisch das Bild war, das die Stadt Berlin in den zwanziger Jahren für eine damals schwindelerregend hohe Summe angekauft hatte, und das dann während des Kriegs verschwand. Die Künstlerin selbst meinte immer, *Im Gasthaus,* ihr erster Triumph, sei sicher für immer verschwunden, verbrannt von den Nationalsozialisten oder von Brandbomben zerstört. Doch nun war es hier. Welche Dachböden und Keller es auf dem Weg nach Hamburg durchlaufen hatte, blieb vorerst eine unbeantwortete Frage, aber alle, die in diesem Moment im Saal sitzen, in Berlin, wissen, dass dieses Gemälde für hunderttausend Euro verkauft und anschließend sofort konfisziert wurde. Der Käufer behauptet, das Bild einem Museum schenken zu wollen, und vielleicht wird es so kommen, aber vorher muss der Diebstahl untersucht werden.

Der *Rückenakt* wurde hingegen nicht gestohlen. Das Bild hat einfach achtzig Jahre lang irgendwo gehangen, oder herumgelegen, verborgen vor der Welt. Am nächsten Tag las ich in der *Frankfurter Allgemeinen* von der Auktion und vom Applaus. Ehe alles vorbei war, stieg der Preis auf über dreihunderttausend Euro, und dann, in dem Moment, als sich die Anspannung löste, setzte dieser ganze, mit zugeknöpften Deutschen gefüllte Saal zu einem spontanen Applaus an – der einfach nicht enden wollte. Das war in Berlin und dieser Applaus kam natürlich viel zu spät, aber er war zu hören, und zu fühlen, bis hierher, und wärmte mich so, dass ich mir für einen kurzen Moment einbildete, dass etwas vorbei war, und sei es auch nur meine eigene ständige Suche nach etwas, irgendetwas, an das ich nicht glaube.

Dank

Als Erstes möchte Bengt Berg danken, der mir den Titel des Buchs schenkte. Danach wird es schwieriger. Alle zu erwähnen, die mir geholfen haben, wäre schier unmöglich. Einige ergeben sich allerdings von selbst. Peter Fors in Kalmar gehört dazu, genau wie Anna-Carola Krausse in Berlin. Ohne ihre Hilfe und Ermunterung hätte ich diese Geschichte niemals erzählt. Dr. Krausse hat zudem die Dissertation *Lotte Laserstein: Leben und Werk* (2006) sowie die Ausstellungskataloge *Meine einzige Wirklichkeit* (2003) und *Sternverdunkelung* (2005) geschrieben. Solche reich sprudelnden Quellen existierten im Fall Olof Ågrens nicht. Dennoch leisteten eine Reihe von Personen wichtige Beiträge zu meiner Geschichte, darunter Carla und Bo Gustaver, Tomas Victorin, Jan Verneholt, Olof und Anders Söderqvist sowie Gärd Stålhammar. Darüber hinaus müssen erwähnt werden: Guy de Faramond, Lars Westman, Aase Berg, Magnus Halldin, Ludwig Qvarnström, Martin Gustavsson, Olof Nimhed, Eva Hagman, Per Wästberg, Sven Larsson, Cecilia Beer, Krister Eliasson, Rolf Anderzon, Bengt Nordqvist, Erik Emanuelsson und Hedvig Hedqvist. Ja, und Johanna, natürlich. Eva Bonnier nicht zu vergessen. Eine bessere Verlegerin als sie hätte ich mir nicht wünschen können, und ich bin mir sicher, dass Lotte der gleichen Meinung gewesen wäre. Ågren murmelt etwas Unverständliches. Ich danke euch allen.

Zitierte Literatur

Zweig, Stefan: Die Welt von Gestern.
Erinnerungen eines Europäers.
Frankfurt am Main: S. Fischer 2010, S. 309, 311.